AF762129

�� �������

�� �������

Ashish Shivhare

1

������ (Dedication)

�� ������ ������� ��
���� ����
��
�� ���� ����
��,
����� ���� �� ����� ���� ���� ���
�� �������: ���� ��� ������
����-����� ���� ������ ������ ������ ��� ��������

��� 1:

��������

������ ���������: ���� �� ������� ������������

�� ������� “���� ��� ������” �� ��������� ���� �� �������, ������ �� ���� �� ������� �������, ������� ���� ��������� �� ��� ���� ����� ���� ��� �� ��� ���� ������ �� ����� �� ��� �� ���� ���� ��� ��, ����� �� ������, ��������� ������ �� ��� ��� ��������� ���

����� ������ ��� ���������� �� ������ ��:

1.���������: �� ���� ����, ������� �� ������ �� ���� �� ���� ���� �� ������� ��� ������� ������� �������� �� ������, ���� ������, �� ���� �������� �� �������� ���� ����

2.���� ������: �� �� ������� ��� �� ���� �� ������(��) �� ���� ��� ��� �� ��������� ���� ����������, ������ �� ������ �� ���� �� ���� ���

3.�������: ����� ������� �������� �������� ������ �� ���� �� ������� ����������� ���� ��, ���� ������ �� �� ������ �� ����� ���� ����� �� ���������� �� �� ��� ����

����� ������: ��� �� ������ �� ��� �� ��� ���� ���� ���� ��, �� ��� ��������� ��� �� ����, ����� ��������� �� ������� ��� �� ������� ��� �� ��� ���� �� ��� ����� �� ���� ���, �� �� ������ ����� ����� �� ������ (Update) �� ����, ������� ���� �� �� ��� ����(������) �� ������� �� ������� ����� ����� ��.

'�� ��������' ��������� �� ������� �� �������

���� ������ ���, ���������� ������ �� ����� ���� �������, ������� ������ �� ��� ���� �����:

1. �� ��������: �� �� ����� �� ����� ��������� ��—�� ������� �� ���� (������), ��� (�������) �� ���� ��� �� ������ ������ (��) �� ������ ���� ���
2. ���� ��� ������: �� ������ (����������) �� ������� �� ����������� �� ����-����� �� ������ �� ������ ���� ���� ����� �� ��������� ������ ���
3. ���� ��� ���: �� �� ������� �� ����������� �� ������� ���� ���� �� ���� �� ���� ������� ����� ����� ���� ������� �� ���� �� ������ ���
4. ���� �����: �� �� ������� �� ������ �� ���������� (���� ����) �� ������� ���� �� ��������� ����� �� ���� ���� ���
5. �����, ������ �� ������� �� �������: �����, ������ �� ������� ���� ����� ���� �� ������� ����-������� �� ��� ���� �� ������� ���, �� ��� �� ���� �� ��� ������� **(Ultimate Reality)** ��

����������� �� ������� ��������� ����

������ = ���� (���� ����, ����� �����, ������������ ����)�

������� = ��� (�����, �����, ������, ��������)�

����� = �� ���� ����� �� ����� ��������� ������� ���� ��� �� ���� �� ����� �� ������� ���� ����

���.2.

������� ���� �� �� ������ �� ��������:

1. ������� ������� ���� �� �������� �� �� �������

������� ������ ������ �� �� ��� ���� �� ���� �� ���� ������� �� ������ �� ���� ������ �� �� ������ ������� �� ������� ����� ��� ���� ��� �� ������ ��� ���, ������� ����� ���� �� ���� ���� ���� ���, ������� ������ �� ����� ����������� (Perverted Interpretations) �� ������� ������ �� ������� �� ����, �� ��� ���� �� ���� �� ������� ��� ���� ��� ���, �� �� ���������� �� ������� �� ��������� ������ �� �������� ���� �� �� ��� ���� �� ���� ������ �����, ������� �� ���� �� ���� �� ���� �� �� ����� ����� �������� �� ����� ��� ��, �� �����

������� ������ ��� �� ������� ������� �������������� �� �� ��� ����� ��� ��� �� ���� �� ���� ��� ������ �� ��� ����� ��� �� ��, ������� �� ������ �� ���� ������� �� ���� ������ �� ������ ������� �� ��—���� ������� �� �������� ����, ������ �� ����, �� ������ �� ������� ������ ������ ��, ������ ������ �� ��������� ������ �� �� ������� ������� ���� �������� ������� �� ���� ��, ������� ���� ���� ������ �� �������������� ��� ����� ��� ���

������ ����: �� �� ����

����� �������� ����������� �� ���� �� ���������� �� ������� �� ���� ���� �� ��� ����� ��� �� �� �� ����� ����� ���� ������� �� ���� �� ��� �� ����� �� �� ������� ���� ����� ��� ��� �� ��� �� ������ ����� ��������, �� ��� �������� ������ ��� ������ (������) �������

�� �� ����: ���� ��� ��� ����� ��

��� �� ������� �� ����� ��������� �� �������� ������� �� ������ ���� ���� ��, �� �� �� ������ ���� ��� ���� �� �� ��� ������ (������) ��� ����� �� �� ��� ��� �����? ��� �� ��� ����� �� �����, �� ���� �� �� ������ ��������� (�����-�������) ��� �� �� �� ��������� ��

���� �� �� ��������� ���� �������� ��� ��������� ����� ���

����� �� �� ������ ���

�� �� ������� �������� ������� �� ������ �� ����� ��� ��� ������� ��� ��� ���� �� ���� �� ������ �� ������� ������� ������� ��� �� ��� ���� �� ������� ������ ���� �� �� �� ������� ����� ����� ������ � ����� ����� ������ ���� ��� ���� ��� ���� ��� ����

2.���� ��� ���: ����� �� ����������

'**���� ��� ���**'/�� **�������** �� ���� ���� �� ��� �� ���������� �� �������� ���� ��; �� ��� ���� ����� �� �������� �������� �� ��� �������� ���

��������: ���� �� ��� ����� �� �������� �� �� �������, ���� �� ��������� ��� �� �������� �� ������, �������� �� ���� ��� ����� ���

����� ��������: �� ���� ��� ����� �� �� ��� ������ ���� ����� ���, ����� ����� ������ �� �� ������ ��� ������ ��� ������ �� �� ��� ��� ���� ���� ����� �� �� �� ������, ������� �� ������ �� ����� ���� ��

�� �������: ������ �� ��� ������

����� ��: ��� ���� ����� �� ��������

'���� ��� ���'/�� �������� ���� ����� �� �������-��� �� �� ���� �������� ������ �������� �� ������ ��� ���� ������ �� ������� �� �������� ���� ���� �� ��������� �� ��� �� ����� ������� ��� ������ ������ �� ��� ���

�� ���� ��� ����� �� ����� �� �����, �� �������� �� ������ �� �� �� ���� �� ������� ���� ����

����� ������: �� ��� �� ��� �����

'�� ��������'/"���� �����" �� ��������� ������� ���� ����, ����� �������� ���� ��� �� ������� �� ��������� ���

1.����-������ �������

�� ����� ��� �� ������ �� ����������� �� ��������� ���� ��� ��� (����-�����) �� �� �� ���������� ���, ������ ���� �� ����-����� �� �� ������������� ����� (�� �� �������) �� ��� ���� ��� ������ ������� ����� �� �� ����, ����� ����� �� ����-����� ��

����� �� ���� �� ����� �� ���� (�����) ���� �� �� �� �� ������ �����

2.����������� �� ����� ����������

�� ��� ������ �� ���� ���������, ������������� �� ������ ���������� �� ������� ������� ���� �� ����� ��� ������ �� ���� �� ���� �� ���� �� ���� ��� ������� ���� �� ������ ������� �� ���� ������ ���� ��������� ���� �� ��� �� ���� �� ����� �� ��� ���� �����, ������� �� ������� ���� �� ��� ���� �����

3.�� ������� �� ����� �� �������

����� ����� ������� (�����) �� ����, ����� ����� (Correction) �� ���

���������: �� ���� ������ �� ����� �� �� ������������ ������ �� ������, ����� �� '���' ����� ����

�������: �� ���� ����� �� �������, ���� �� �������� �� ����� ���� (������ �� �����) �� ������ ����� ����

����� ������: �� ��� ��� ����� ������, ���� ����� �� �� ������� �� ������������ ����� �� ����� �� ��������� ���� ����

"�� ��� ��� ������� �� ����, ����� �������� ���� ������� �� ����

����� ����� ���� '�� ��������'/"���� �����" �� �� ��� ����� �� �� ����� ������ �� ������ �� ������ ��� ���� �� ���������� ���� ���"

������ ���� ����� ���������� �� ���� ���?

����� �� ����/�����/��� ���� ��� �� ��� ������ ��, �� ������ �������� �� ������� ��� ��� ���� ����� �������� ����� �� �� ���� �� ��� ��� ����� ���� �� �� ������ �� �������� ���� ��, ��� ��� �� ����� �� ��� ���� �� ���� �� ���, ����� �� �� �� �������� �� ������ ��� ��� ���� �� ��� ��� �� ���� �� ������ �� ���� ���� ��� �� ��� ����

�� �� ��� �� ������ �� ���

������ ������ �� ���� ������-����, ������� �����, �� �������� (�����) �� �� ������� �����, �� ������� �� ��������� ��� �� �� ����� ���� �� ���� �� �� ������ �� �� ����� ������ �� �� �� ���� ����� (Fictional) �� �������� �� ���� ���

��������� �������:

�� ������� �������� �� ����, �� ��� ��� ������ ����, �������� ������ ��� ��� ���� �� ���� ���� ��

��������� �� �������� ��-������ ��, ����� ����� ������� ����-������ �����

���������: ������� ������ �� ������ �� ���� ������ ����� �� ������ �� ���� �� �� ����, ����� ����������� �� ����� �� ��������� �� ���� �� �� �������� �� �� ���� ������ �� ��� ���� �� ����� �� ����� �� ������ �� �� �� �� �����

�� �������� ���� ��� �������: ��� �����

�� '�� �������� ���� ��� �������' ������ ������ �� ��� ���� ����, ����-������� ����� ��� �� �� ���, ����������� �������� ������� ��, �� ������ �� �� ��� ����������� �� ������ ������ ���

����� ������ ������ ��:

���� �� �������� �� ��� �� ����� �� ������ �� �� ��� ���������� ����, �� ����� ��� �� ����, ����� �� ����������� '��' �� ������� ���

'�� ��������'/ "���� �����" �� ��������� �� ���� �� �� ���������� �� ������ ���� ���������� ����� �� ��������� ����� �� ����, ����� �� ������, ���������� �� ������� ����� �� ���� ��� �� ����� ���� ��������� �� �� ���� ������� ����������� ��� ��

���� �� ���� �� �� ���� ���������� �� �� �� ������� �� ��� ������ �� �� ���� ���

�� ������� ���� �������� �� ���� ���� ���� �� �� ��� �� ���������� �� �� ���� '��' �� ��� ������� ��—����� ���� ���� ����� �� ���������� ������� �� ����

����� �� ������� �� ������� ������ �� ������

1. ������� ������� ������ �� ���: �� �� ������������

���� ������ ��� ������ �� ������ ������ �� �� �� ����� ���� �� ��������� ����, ����� ��, ����� �� ��� ���, ���� �� ���� ���� ��� �� ���� ���

����� �� ����� ���� �� ���� �� ���� ������:

����� �� ������ ��� �� ���� �� ��: ������ ���� �� �� ��� ������ �� ��� �� ���� ���� ��������� �� ��, �� ������� ��� �� ���� ����� (�������) ������� ���� ����� �� �� ��� �� ����� ���� '��� ��������' (��������� �������) �� ��� �� ��, �� ����� �� ��������� ���� ���� ��� �������

����� ���� �� ����� (�������): ��� �� �� ����, �������� �������� ���� ������ �� �������, ��� ���� �� ���� ���������� ��� ���� ���� ��� �� ����� �� ���� ��� �� ����� �� ����� (������) ���� ����� ���� ��� ������ ����� ���� �������� ���� �� ������� ���� ���� �� ������ ���, ���� ���� ��� '�����' ��� �� ��� ��� ����� ������ ��� ��� ��� ����� ����� �� �� ���� �� ������ �� ����� ���� ����� ��� ��� ���� ���� ���� �������� �� �� �� ���� ���� ����� �� ����

������: **���� �� ������**: �� ����� ����� �� �������� �� ����, ��� �� ��� ���� ���� ���������� ����� ������� ���� �� ����� ����� ��� ��� ��, ���� �� ����� �� ���� ������ ������ ����, ����� �� �� ��� ���� �� ���� �� ��� ��� ��������� ��� ���� ��� ���

�� �� ���: �� �� ����� ��� ����� (�������� ������) �� ����� ��� ����� �� ���� �� ���� �������� ����� �� �������� ���� ���� �� �� ��� ����, �� ������ ��������� ���� �� �����

���� �� ������������ �� ���� �� ����� �����

���� ��� ��� �� ������� �� ���

�� ���� ��� �� ������ ��� ������� �� ���� ������ ����, ���� �� ���� ��� ������� ���� ��, ��� ���� ���� ����,���,����,�������, ������ �� ������� �� ��� ��� ���� ��� ���� ������� �������� ���� ��: ���� ������ ����� �� ������� �� ���, �� ���� ��� �� ���� ���� �� '���� �� ������������' (Economics of Illusion) ���� ���� ��, �� ������ ���� �� ������� �� ���-��� ��� ���� ���� ��� �� ���� ���� ���� �� �� ������� �� ����� ��� �� ���� �� �� �� �� ���� ���������� ��� ���� ��� ���� ��� ����� ���� ���

�� �� ����:

������ �� �� �� ���� �� ����� ����� �� ��� �� ��������� �� ���, �����, ������, ����, ��� �� ���, �� ������ ��� ���� ��������� �� �������� �� ��� �� ���� �������� ������� �� ����� �� ������ ���� ���� ���

���� �� ����� ����:

���� ������� �� �� �� �� ��� ������� �� ��������� ���������� ���, ����� �������� ��� ������ �� �� '���� ���� ������ �� ������ �� �� ����� ���'

������� ������: ��� ��������� �������, ����, �� ���� �� �� �� ��� ������� �� ���� ��, �� ���� �� �������� �� ���� ��? ������� �� �� ��� ��� ����� �� ��������� ����� ����� ���� �� �� ���� (������ �� ����) �� ����� �� ��������� ���

������� �������� �� ������� �������� (A Logical View)

����� ���: �� �� ���� ���� �� �� �������� (����, ������, ����) �� ��� �� ��� ���� ����� ��� ���� ��, ����� �� ������� ����, ����� ������������ ������ (Psychological Effect) ���� ���

���� �� ������: �� ���� ���� ����� �� �������� ����� �� �� ���� �� ������ �� ���� ��� (�� '���� �����'), ����� ���� ���� ������ �� ��� ���� ����� ����� �� �� �� �� ��� ���� ��� ���������� ������ ���� �� ���� ���� ���� �� ������ ��� ����� �� ������ �� �� ���� ��

�����/����/����: ����� �� ������� ������� ���� ���� ������ ����� �� ���� ���� ������ �� ������ (�� ����� �� ���) ���� �������� �� ��� ���� �� ���, ���� ���� �� ����� ��� �� ��� ���� �� ���� ����� ����� ������ ������ �� �� �� ��� ��� ���� ��� ����� ������ �� �� �� �������� �� ��� ����� ��� �� �� �� �������� �� �������� ���� ��� �� ������ ��� �� �� ���� ��� ���

������: �� ������ ����� �� ����� ���� �� ������ �� ���� ��:

���� �� ����: ���� ��� �� ��� '����� �� �������' �� '��������� �� ����' ����� ������� �� ���� �� �� ���� ���

������: ��� ���� �� ��� '����� �� ����' ����� ������� �� ���� ������ �� ��� ����� �� ��� ��� ���

�� ������� �� ��� ������

'�� �������' ���� �� ���� �� ���� �� ������� ����� ���� ���

� ��� � �� �� ����: ���� ���� �� �����, ���� �����, �� �� �� ��� ������ ���� �� �������� ���� ���

������� ������: ���� ���� ����� ��� ���� ������—���� �������� (�����) ������ ���� �� �� ������ ���� ��, �������� ���� (������) ���� ��, �� ���� ��� ������ (��) �������

���� ��� �� ���� '��-�������' �� ����������� �������� �� ������� ���� ���� 51 ��������� ���������, ��� �� ���� ����� �� �������� �� �� ���� �� ���� ��� �������� �� ������� �� ����� ������ (��) ������� ���� ��� ����� ����� ��� �� �� �������� ���� ��, ���� �� �� ��� �������� ����, �� ���� �������� ������� ���

"��������� ���� �� ����� ������ ����� '����-�����' ���� ���"

1. ����� �� ����� �� ������ �� ������

�� ������� �� �� �� ���� �� �� ��� '��������' ���� ���� ��, ������ �� ��� �� �� ������� �� ����� ���� �� ����:

��� ���� ������ ���?

������� ��� ������� ������ ��?

���� ���� �������� �� ����� ����� ��� �� ���� ��?

�������� ������ ���� �� ���� �� �������� �� �� �������� �� ���������� ������� �� ��������� ���� ���� �� �� ��� ���� �� ���� '�������� ���, ���� ���� ����' �� ���� ���� ���� ������ �� �� �� ��� �������� ��� ���� �� ��� ����� ��� �������� ���� ��� ��� ����� ����� ������ ���� ��, ����� �� ���� �� ���� ����� ��� �� �� ������������� �������� ��� �� ���

����������� ���� �� ��� ���� �� ������ �� �� �� ������� �� ����� ���

2.�� ��������/'���� ��� ���' �� ������:

�� ����, ������ �� �����: �� ������� "���� ��� ������" ���� �� �������� �� ����� ���� ������ �� ������ ����, �������� �� ������� �� ������ ���������� �� ������� ���� �� ������ ���� ���

������ ��������� �� �� ������ ������� �� ����� ����� ����� ��, ����� �� �� �� ���� ����� ���� '��������' (��-������) �� ����� ���� ���

�� ������� ���� ������ �� �� ���� ���� ������ ������ �� ����� �� ��� ������ �� ��������� ���� ��� ���� ���� ���� ���� �� ������� (��) �� ����� �� ��� ������������ �� �� ������� �� ��������� ��, ������ �� ������ �� ���� (�����) �� ������

������� ������ �� �������� �� ������� ������������

1.������ �� ������� ����: ��� �� ���� �� ���� ������

�� ���� ����� �� ����� ����� �� ���������

�������� ������ ������ �� �� ��� ���� �� ���� �� ���� ����-����� ��

��������� ���� �� ����� ��� ����� ������ ������� ��� ���� ������� �� ������ ����� ������� �� ��—������ �� ������� ����, ����� �� ����, �� ����� �� ������ ����—����� ����� ����� �� �������� ���� �� �� ������ ������ �� �� ������������ ��� ���� ��� ���

������ �������� ��� ��� �� ��� ��, ����� ��� ����� ��� �� ���� ��� ��� �� �� ���� ��� ������� ���� ���

2. ������� �� ������ ����� �� ������ �� ���

�� �� ������� ���� ������� �� ����������� ����� E=mc^2 �� ����� �� ����� ��, �� �� ���� �������� ����� �� ������-��� �� �� �� ��������� ���� �� ����� �� ����� ��:

���� ����� �������� ����� ���� ��?

��� ���� ���� ���� ��, �� �� ��������� ������ ����� ����� ��?

������� ������ �� �� �������� �� ��� ��� ���� �� �� ���� '������� ���, ���� ���� ����' �� ���� ���� ��� ������������, ��� ������� ��� ���� �� ��� ����� ���, ����� �� ���� �� ���� ����� ��� �� �� ����������� ������� ��� �� ��� ���������� ���� �� ��� ����

������� ������ �� ���������� �������:

����� �� �� ��������� ���� ���?

������� ����, ���� ��� ��� ������ ������ ��, �� ��� �� ��� �� ����� �� ��, �� �� ������� �� ���� ������� ������������� �� ���� ���

�� ���� ������ ������ �� �� ������ �� ������ ��� �� ��������� �� ��� ���, ��������� ������ ������ �� �� ������ �� ������ �� ������ ��� �� ���� ���

�. ������ ����: ����� �� ��� �� ������ �� ����

������ ���� �� ��� �� ��� ��, ����� ������ ������ ��� �� ���� �� ���� �� �� �� ������ �� ���� ��� ����� �� �� �� ���� ���� �� ��� �� ��:

���-������: ����� ����,�����,������ �������,������ ������ �������� (�����/������) �� ���� ���� �����-����� (���,�����,������,����,) ���� ���� �����, ���� �����,���,��,��� �������,������,����������, �����-�����-�����, �� �����, ���� �� ���� ��������,��� �� �� ���� ���� ������-���,���-����� �� ���������� �� ���� ��� �� ������� ���� �� ���

������ ������� �� ���� ��� �� ����� �� ��� ��, �� ����������� ����, ����� ���� ���� ���� ���

������ �� ����� �������: �� ������ ������� ������ �� �� ��������� ���� � ���� �� ����, ������ ���� ������� �����,������ �� ���-��� ����������� �� ��������� ��� ����� ��� ��� �� ������ ��� ������� �� ������� ���� �� ����� ����� ���� �� ����� ��� ��� ������ ���� �� ���� �� ���� ���� �� �� ���� ���� �� ������� �� ������ � ���� ���� ������ ��� �

������: �� ������� ����������, ���������� ����� �� ������� �� ������� �� ����, ���� ��� �� �� ����� ��� �� ������� ���� �� ��� ���, �� �� ������ �� ������ ����� �� ���� ��� ���� �������� �� ��� ����

������ ���� �� ������ ���� ������� �� ��������� ��� ��, ����� ��� �� ��� ��� ����� ��� ���� ���

����� �� �������: ������ ������� �� ����-���� ��� ��� �� ���� �� ��� ��, �� �� �����, ������, ����������, �� ��� ����� �� ���������� �� ���� ����� �� �� ��� ������ �� ���, ���� ��� �� �� ����� � ���� ��� ��������� �� �� ����� ����, �� ��� �� ��� ��� �� ��� �� ��� ����� ������ ���� ��� ����� �� �� ��� �

���������� **��** **���** **��** **���������:** �����, ���� �� ���� �� ����� �� ������ ���� �� ���������� ��� ���������� �� �� ���� ��� ��� ���� �� ����������� �� ����� ������� �� ���������� ���� ��� ����

���� ���� ���� �� ����������

��� **�����** **��** **������:** ���������� ������ ���� ����� ��� ����� ���, ������, ������, ����, ��, �����, ��� ��� �� ���� ��� �� ����� �� ����� ��� ������ ���� �� ��� ���

������� **������:** ��� ���� ��������� ���-����� ��� ��� ���, �� ���� �� ������ �� ������ ��� ���� ������ �� �� �� ���, ���� ���� �� ����� ���� ���� ��, �� ���� �� ������ ��� ���, ���� ���� ����� ��� ���� ��� ��� ��, �� ���� ���� ���� ������ �������� ���� �� ��� ����

�� ������� �� �������: ���� ����� ������ ������ ����� ���� �� �� ���� ����� ���� �� ������ ��� ���� ��� ���� (�����) �� ����� ���� ��, � �� ������ ����� ���������� ���� �� ������� �� ��� �����

��������� �� ��������:

�����, ���� �� ���� �� ����� �� ������ ���� �� ��������� ���

��� ��� �� �� ��� �� ��� ��� ������� ���� ������� ���� �� ������� ������� �� ������� '�� ��������' "���� �����" ������ ���� �� ��� �� �

���������� ����������

�� ����������� �����������: **������ �� ���������� (Respect and Purification):** �� �� ������ ���� ���� �� ������� ���� �� ��� ���� ������� ���� ���� �� ���� �� �� ��� ���� ������, �� �� ����� ��� �� ������ ���� �� ���� ������� �� ������ ���� ����� ��� ��������� ���

�� ������ ������ �� ������� ���� ��� �� ������� ������ (������) ����� �� �����-������� ��� �� �����, ������� �� ��������� ������ ��, �� ����� ��� ��������� ���

����� �� ��������� ���: �� ������ �� ������� ���� ���� ��� (Infancy) ��� ��, �� ���� �� ��������� �� ������������ ���, ���� �� ����� (����), �� �� ��������� (���), �� ��� �� ���� (�������) �� ����� ��� ������ ��������� �� ��� ��, ������� ������ ������� �� �� ���� ��� ���� ��� ���� ��� �� ����� ���� (������) �� ����� (�������) �� ��� ������ �� ������ ���

�������� �� ���������: �� ��� ���, ���� ���������� ���� �� ���

�������� ����� �� �� ����� �� �������� �� ���� ������ ��� ��������� �� �� ����� �� ����� �� ������ �� ��� ���� �� ��� ��������, ���-�����, ����� �� ��� ������ ������ �� �������� ����� �� �������� ���� �� ��� ���� ��� ���� ����� ���� ������� ��� �� ��� ��� �� ����

����� �� ���� �� �������: ��� ��������� ����� ���� ���� ������� ���� ��� �� ��� �� ����� �� ������ �� ����, ����� �� ����, ������� ����� �� ������, ���� �� ����� ��������, �������� ���������� �� ���������� �� �� ����� ������� �� ����� �� �� ���� ��� ���� ��� �� ��� ��� �

������: ���� ������� �� ����� �� ����� ��� �� ���, �� �� ����� ��� �� ����������, ������� �� ������� �� �� �� ������ ����� ���

����� '**�� ������� ���� ��� ������**' �� ����� ������ ������ ��

����� ����� ��: �� '�� �������/���� ��� ������'/���� �����/����� ������ �� ��� ��������, �������� �� ������������ �� ����� �� ����� (����� ��� ������ ���� ��), ���� �� ��������� ������ ������ �� ����, ����� �� ������� ����� �� ��� �� ����� ���� ���

�� �������� “���� ��� ������” ���� �� ������� ���� ��� �� �������� ���� �� ���������� ���� ��� ������� ������� �� ��� ��-������ �� �������� ��� ��� ���

�. ������� ����: ���������������� �� ������ ������

������� �� ������ ���� ������ �� ���� ������� ��� ��, ������ �� ��� ���� ���� ��� ������� �� �� ��:

������ �� ������: "�� ��� ��� ���������� ���� ����" �� "��� ���� ������ ���" �� �� ���� ��������, �� ���� �� ��� �� ��� ������ ���� �� ������ ��� �� ���� ������� �� 7��� �������� �� �������� ������� ��� ��� �� ����� ���

������� �� �� ����: ��� ��� �� ������ �� ������������� ��� �� ��� ������� �� ������� ��, ���� ������� �� ��� �� �������� ��� �� ���������� ��� �� ��������� ���� ��� �� ������� �� ��� ������� ��� �������� ������� �� ��� �� ������� �� �� �� ������������ �� ������ �� ������ ���

������������ ����������: ������� ��� �� �� ���� ��������� ������� �� �������� � �������� �� ������ ������� �� ��� ���� �� ��, �� �� �� �������������, �����-���������� ��

���������������� �������� �� ������� ��� ��� ����

�. ���� ������ ����: ����� ���� ������ �� ������

���� ���� �� ��� ���� �� ��� ��� ���:

���� ����: ����� ��� �� ���������� �� ����� ������� �� �������� ���� �� ���� �� ���� ������� �� ������-������ ��������� �� ��� �� ���� ��� "������ �� ����, �� ������� ���" �� �������� ������ ������ �� ������� ���� �����

�����/��� ����: �� ����� ������ ���, �� ���� ��� ���� �������� �� ����� �� ������� �� ���� �� �������������, ������� ������ �� ��� ���� �� ����-���� ��� ����������� ����� ������ ���� ���� ����

���������� ������ �� ��� ������� ������: �����, ����� �� ���������

�� ��� ��� �� ��������� ������ ��� ����� �� ���������� �� �������� ���� ���, ����� ���� �� �� **��� ������** ��� ���� ��� ���� �� �������� ������� ���� �� �� �� ����������� **����** �������� ������ **�������** ��� �� ������ ��� �� ��� �������� **(Outdated)** �� ���� ����

�������� �� ��������������� ��
���� ����

�� ������ �� ���� �� �� ���� ����� ������������� ��, ����� �� ���� ��� �� �� ���� ������ ��� ��� ���� ��:

1. ������ ��� ���� ���� ���� ����� ���?

������: �� ��������� ����� ��� ����� **����** **���������** ��, �� ���� ������ ��� **����** **����** **���-���** **����** **����� ���� ���**?

��� ����: ��� ����� �� ��� ���� ������ �� �� ���� **��** **��** **���** **������** ��, �� ���� ����� �� **���** **������** ����� �����?

��������: �� ����� �� ����� �� ����� �� ��������� ������ ����, �� ��� ���� �� �� ������ ������ �� ���, **�����** **��** **������** **��** **�����** **��** **�����** **���**

2. ����� �� ����������� ���

������: �� ����� ���� ������������� ��, �� �� ��� � ����� ����� �� ���� ����� ���� ��?

����: ��� �� �������� **����** **����** **���** **����** **������** �� ��� ���� ��� ���� ��� ��, �� ���� **��������** **��** **����** �� ��� ��� �����, ���� �� ���� ���� ��

���� �� ��� ��� ���� ���� ��� �� ������ ���

��������� �� �����, ����� �� ������ �� ������

���� �� �������� ���� �� ��� �� ���� ��������� ������ ������ ���, ������ ���� ������ ��� ������ �� ����� �� ���� ����

1. ��� �� ����� ����� �� ������ ����

������: ��� �� ����� ����� �� ���� �� ������� ����, �� ����� �� ���� �� ����� ���

��� �� ������� �� ����: ��� �� ���� ���, �� �� ������� ����� ���; ����� ���� **������� (Melanin)** �� ��� ��� ����� �� ��� �������� ������� �� ����� ��, �� ����� ����� ���������� ����� ��, ����� ����� ��� ����� ������� �������� ��, �� �������� �� ������ �� ������� **��������** ���� �� ������ �� ���� �� ����� ���� �� �� ������ �� ������ �� ��� ����

2. ��������� �� ������ �������

���� ���� �� ����� (���� �� ���� �� ������): �� ���� �� ������ ����, ���� ����, �� ������ �� ������ �� �����

����� ���������� ����� ���� �� ��� ����, ����� ������ �������� ���

������� ���� �� ����� (�� �� �����): �����, ���� ��� �� �� �������� ����� �� ���� ����� �� ����� ���� ���������� ����� ����� ��� �� ���� ����, ����� ����� �� ������� �� ����� ������� ���

3. ����� �� ������� ���� �� �������

������� ������: ���� ���������� �� �� ���� ����� �� ���� ����� �� �� ��� �� ��� ���� ��, �� ������� (Blasphemy) �� ��� �� ���� �� ����� �� ����, ����� �� ��� ���� �� ���� ����, ����� �� ����� ���

���������� �� ����: ������ ���� �� ����� �� ������ �� �� ���������� �� ��� ��� ����� ����? ���� �� ����� � ���� ����� ���� ����� ���� �� �� ���� ��� ���� �� ����� �� ��� ���

��������, ���������� �� ������ ��������� �� ���

�� ������� ������ ������� �� ��� ��� ���� ��� �� �������� �� ���� ����

1. ���������� �� ���������

������� �� ��� �����: ����-����, ���������� ������� ��� ����� ��� ��� ��� ����������� �� �� ����

����� ��� �� ����������: '����� ���' �� ����� �� ������ ���� (Zombies) ���� ��������� ������� �� ���� ���� ���

2. ���� �� �����

'��� ���� �� ����� ����� �� ��� ������ ����' ���� ��������� ������� �� ���� ������ �� ���� ���������� ���� �� ����� ���� �� ������ ����� ��� �� ������� ����� ��, �� ����� ���

����� �� ����� ������� ���� ���� �� �����

����� �� �����: ����� ��� ���� �� ����� ���� �� ��� ���� ������ �� ���-������, ��������, ������� ��� �� ��� ������ �� ����-������ ����� �� �������� ��� ��� �� �� ����� ��� ��� ��� ���� �� �� ����� ���, ��� ��� ���� ���� ��� ����� �� ���� ���� ��� ������� �� �� ����� ���� ��, ����� ���� ���� ����� ������ ��� �� ���

���� �� �����: ������ �� ����� �� ���� ���� �� ������� �� ��� ���� ������� �������� ��� ��� ��� �� ���

���� ����� �� �������, ���� �� ���� �������� ����� �� ��� �� �� ��� ����

����-�������� �� �������� �� ����� �������

������: ���� ��� ����� ���� ������ �� ��������� ��� ��? ��� ��, ���� ������ �� �������� ���� �� ���� �� ����, �� ���� ��� �����?

����: �� ��� �������� ���� �� �� ������ (���, �������, �����, �������) �� ���� ���� ���� ���� ����� �� ��������� ���, ���� �� ��������� ������ ���� �����

�� ������� �� ��������� ����: ����, ����� �� ������� �� ����

�� ��� �� ��������� ���� �� ����� ���� �� ���� ������ ������ �� ���������� �� ���� ���� ����:

1. ������ �� ����� �� �� (Rhythm)
   - ����: ���� ������ ��� �� �� ��, �� ����� ��� �� ��� �� ����� �� ��� �� �� ��� ���
   - ��������� ������: �� �� ��� ��� ����� ����� ��� �� ���� ��� �� ����� ���� ���, �� ���� ����� ��� ���� ��� �� ����� �� ��������� ��� ��� ���
   - ����: ��� ����� ���� �� ������� �� �� ������� �� ����� �� ��� �

���� ���� ������ ��� ������ ������ ��� ����� �� ��� �����, ����� �� ��� �� ���� ����� �� ������ ��� ���� ��� ��� �� ���� �� ��� ����� �� ���� ��� ��, ����� �������� ���� �� ����� �� ������ ���� ���������� ���� ���

2. ���� (Vibration) �� ������� �� ��������� ���

- **���� �� ����:** ��� ��� ���� ���� �� �� ������� ��� ��� �� �� ���� **(Vibration)** �� �� ���� �����-����� ���� �� �� ���� ���� �� ��-��� ���� ���, �� ���� ���� ������ ������� ���� ���
- **������� �� ��������:** �� �� ����� ���, �� �� ���� ���� ��, �� �� ���� �� ���� ����� ���� ��� ������ �������� �� ����� ���, ����� ���� �� �� ���� ������ ��� �����
- **���� ���� ����������:**
  - ����������� ����� ��� �� ��������� �� �� ���� �� ����� ����� ����
  - �� ���� �� �� �� �� ����� ����� ���� �� ��� ��� ��, �� ���� �� ������ ���� ���� ��� (���� ����� �� ���� ������ ���� ���)�
- **��������:** ��� ��� ��� ��� ���� �� ������ �� ������� ��

����������� �� ������� ���� ���������� ���� �� �������� ���� ��� �����, �� ���� ���� ���������� ��� �����

�������: �� �������� ���� ��� ������� ������

���� �� �� ����� �� �� ������� ���� ��� ������ �� ������ ��� ������ ����� ��� �� ������ ������ �� ���� �����������, �������� �� ������ �� ����� �����

������ ������� �� �� ���� ����� ����� �� ����� ���� �� ��� ������ ����� ����� ��� ����� ����� �� ��� ���� �� ��� ������� ��� �� ���� �� �� ������ ����, ����� �� ������ �� ������ �� ����� ������� �� �������� �� ��� �� ����

������ ������ �� ������ ��������:

���-����� ��������� (Outdated Concepts): ������� ��� ������� ������� ������ ����, ������ �� ������������� ���� �� ������� �� ���������� ��� �� ���� �� ��� ��� �� �� ��� �� ���������� �� ���� ���� ��, ����� �� �� ������ �� ��������� ��� ��� ���� �� ��������� ��������� �� ����������� ������ ���� ����

���������� ���������� (Scientific Contradictions): �� ������ ��������, ���� �������� �� ������ �������� ���� �� ���� ��� ��� ���, �� �� �������� ��������� �� ���������� ������� �� ��� ���� ���������� ����� ����� ����� ���� ������� �������� �� �� ��� �������� ���� ����� �� ����� ���

������� �� ������ (Division and Separation): ������� ������� �� ������� �� ���-��� ��������, �������� �� ���������� ��� ���� ���� ��� �� ������ �� �������� ���� �� ������ �� ������ ��� ���� ���� ���� �� ��� ���

���� ������ �� �� (Focus on Blind Faith): �������� ���� ���� �� ������ �� ���� ���� ���� ������ �� ���� ���� ���, �� �� �������� �� ���������� �� �� �������� ���� �� ������

������ ���� ����� ������ �� ��� ���? �� �� �������/'���� ��� ���' ������ ������

������� ������� �� ���� ��� ��� ���� �� ������, ��������� �� ��� �� ����������� �� ������ ��� ���� ��� ���� ���� ���� ������ �� �� ���� �� ��������� �� ������������ �� ���� ����� �� ������� �� ��� ����

����	�� ��� ������ ���� �� � ������ ��� ������� ����/ �� � ������ ������		
����� ����	���� �������, ������� �� �� ���� ������� � ����� �����	����� �� ������: '���� �����?' �� ����� ���� ���� �����, �����, ���� �� ������� � ��� �� ������ ������� ��� ����� ����� ��� ������ �� ���� ��� ����� �� ��� ��- ����� ���� ���� ���	�� ������ �����: ���� '����� ����' �� ����� ��� ������ ���� ����, ���� ���� ������� � (�����)� ���� �����, ���� �� �� ����� �� ���� ����

����	�� ��� �� ������� �	������ � ����/ ������	���� ������ ��� �� ������
����� � ����	���� ������� ���� �� �� ���� ������� �� ������ �����	����� ��� (Rigid-ity): �� ���� ����� �� �� ����� ��� ����� ���� �� ����� ���� ������ �� �� ��� ��� ��� �� ������� �� ������� ��� �� ������� ���� �� ����� ��, �� ������� �� ������ ����� ���� ��-	����� � �����: ����� ������� ���� �� ������� �� ������ ��, ����� �� ����� ������� �� ������ �� ������ ������ �� �� ���� ���� �� ��� ����� ������� � ���

����	�� ��� ������ ���� �� � ������ ��� �������� ����/ �� � ������ ������		
		����� �� �������� ���� ���� ���	

����	�� ��� �� �������� �	������ � ������ �����/ ������	���� ��� �� ������
���� ����	���� ������, ������ �� �������� �������� �� �������� � ������	�� �� ������ �������� ��: �� �� �� ������ �� ������ �� ����� �� �� �� �������� �� ���� ��� ���� �������� � �� ������ �� ������ ���� ������ �� ������ �� ���� ����� ���� ��� ������ �� �� �� ����, ����� �������� ���	����� ������ �� �������: �� �� ���� ����, ����� ����� ��� �� �� ������ �� ���� ���� ���� �� �������� � �� �������� ��� ���� ��, �� ���� �� ���� ����� ������ �������— �� �������� ���

����	�� ��� �� �������� �	������ � ������ ����/ ������ ������	���� ��� �� ������
��� ����	����� ��� �� �� ������ �� ��� ���� �� ����� �� ������ �������� ����� ���� ����	����� ���� ��: �� ��� ���� ���� �� �������� � �� ����� ���� �� �� ���� ���� ��� ���� ������ �� ���� �� �� ��� ��� ��� ��� ��� �� ������ �� ���� �� ��� ����	���� �� ��������: ����� �� ���� ��� ���� ����� �� ������� � �� ��� ��� �� ����� �� ����, ����� �� ������� �� ����� �� ��� ���� ����

���. 3.

���� ��� ����� *(The Path of Elemental Consciousness)*

����� ������: '����� �� ���� �� ��� ��� �����'

�� ������ �� ����� �� ��� �� �� ���������� �� ������� �����, ����-����� �� ��������� �� ����� ���� �� ����� ����� ���� �� ���� ������� ��� ����� �� ����� ��� ���� ���� �� ������� ���

I. '���' �� '����' �� �������� ��������

����� ����� ��� �� ���� �� ����� ����, ����� ���� �� �� �� ������ ��� �������� ���� ��:

�������	��������� (���� ��� �� �������)	��������� �� �������
��� (Sur)	�� ������� �� �������� �� ������� �� �� ��� ����������� � �� (������� �� �������� �� �������) �� ��� ���� ��� �������� �� ���� ���	�������� ������/���� �� ���� ��� ���
���� (Asur)	�� ������� �� �������� �� ������� ���� ����������� � �� �� �������� ���� �� (����� ��������, ���� �� ��� ��)�	�������� ������, ������� �� ����� �� �� ���� ���

����� ���������: "����� ��� ��� �� ���� ��, ��� ������ ����� �� ��� ���� ����" ���� ���� �� �� �� �� ���� ����

�� ����� �� ���� �� ���������� �� ���� �� ��� �� �� ���� ���, �� �� ����� �� ���� (�����) �� ���� ����

��������� �� ���� �� ���� �� ��������� �������

������ ������ �� ������ ����

'���������' �� ����� ���� ������ �� ���� ���� ������������� ���� (Explanatory Illusion) ��� �� �� ��� ���� ��������� �� ��� ��� �� ������ �� �� ��� ���� ��� �� ���� ����� �� ���� �� �� ���� ���� ���

���� �� ����: �� ���� ������� �� ��� ��� ��� ���� ���� �� ����� ���� ������� ���� ��� ������� ��� �� ����� ���� ���� �� ����, �� ����� �� ������ �� ��� �� ���� �� ���� ���� ���� �� �� ��� '����� �����' �� ����� ��� ������� ��� ����� �� ����� ���� ���

��������� ���� �� �������: ���� �� ����� ����� �� ��� �� ���� ���� ���� �������� ���� �� ������ �� ��� ��, ���� �� ������� '���������� ����' ���� ��:

���: ���� ����-������ ���� ��� ��� �� ��� ��� ��� �� ����, ����� ������ ��� ���� ��� �����

����: �� ���� ��� ��� �� �� ��� ���� �� ��� �� ���� ��, �� ���� ��� ��� ��� �� ����, ����� ���� ���� ����

���� �� ��������� ������� (The Real Network of Karma):

���� �� �� ���� �� �� �� ����� ���� ��, ����� ����� �� ���� (�������) �� ���� �� ���� ��-��� ����� ���

��������� ���/����: ���� ����-���� �� ��������� ������ ��� �� ������ �� �� �� ���� ����� �� (���� �������, ������, �� �������� �������)� �� ��������� �� ����, ����� '������� ���' �� �� ���

���������: ��� ������ ������ (���� �� ������ ��� ��� ��) �� �� �� �� ���� ���� ���, �������� �� ���� �� ������ ��� ��� �� ���� �� ��� '��������� �� ����' �� ��� �� �����

�� ������� �� ��� ����:

���� ������� ���� �� ���� ��������� �� ���� �� ���� ����� �� ������� ���� ��� ��������� �� ��� ������ ���� ��, �� ����� �� ���� (������) �� ����� �� ����� ��� �� ���� ����� ��, �� ���� ������� ������ �� �������� ���� �� �����

���� �� ����-���:

���, ����� �� ������� ��

����-���� �� ����

���� ��� �� ����� ����� �� �� �� �� ����-�������� ����� ����� (Moral Duality)

�� ��������� ���� ��� ������ �� ��� (Sin) �� ����� (Virtue) �� ���������� �� ������� ���� ���� ���� �� ��������� ���� �� �� �� ����� ���� �� ��� ���� ��� �� ��������� ��������� �� ������������ ���� �� ������ ���� ����

��� �� �������� �� ������: ������� �� ��������� �����

��� ��������� (Non-vegetarianism) ������ ��� ��� ����, �� �� �� ���������� ���� ����, �� �� ���� �� ���� ����� ������� �� ���� ������

���� ���� (The Unbroken Logic):

1. **���� �� ���� �� ���������:** ������ ��� ���� �� ���� ���� �� ������� ���� �� �� �� �� ����, ����� ���� �� ����� ���� �� ���� �� ��� ������ ��, � �� ����� ������
2. **����� �� ������� �� ���:** �� �� ���� ��� ���� ��� ������ �� ��� �� ���� �� ����� ���� ��, �� ������� (�����) �� ��� �� ������ ���� ����� �� �� ���� ���� ��� ���� �� ��� ������ ����� �� ������� ����� �� ����� ���� ��, �� ������� ��� �������� ���� ����� 3. ���� �� ��������� (Transforma-

tion of Elements): ������� �� ������ ���, �� ����� ����, ����� ����� �� ��������� ��� ���� �� ���� �� ����� ���� ���, ���� �� ����� ���� ���, �� ����� ���� �� ���� �� ������ �� ��� ���� ����� ������ ��� ����� ���� ���� ����� ��� ���������� �� ���� ���

3. ��������� �� ������: ����� �� ���� ��� � ��� ��������� �� ��� ��� �� ���������� ����� ��� ��, �� �� ���� ����������� ���� (Dharma of Existence) ��� ���� ������� �� ���� ���� ��� ���� �� ����; �� �� ���

��������: �� ���� ������ ���� �� '���' �� '�����' �� ��������� ������ �� ����� �� ����� ���, ����� �� ���� ��� ���� ��� ����� ���� �� ��������� �� ������� �� �� ���-����� ��� ����, ����� �� ���������� ��, �� ����-���� �� ��� ���� �� ����� �� ����� ���

2. ������� �� ������� �� ������ �� ����

������ ����� ������� (Vegetarianism) �� ������ �� ����� �� ������ ����� ��, ���� �� �� ���� �� ����� �� ���

������� ���� �� ����:

1. **����� ��� ����:** ������� ������� �� ���������� ������ ������ ��� �� ������ ��� �� ����� ����� ��� ���� ��, ���������, �� ��� �� �� ���� �� �������� �� ����� ������ �� ������ �������� ��� ����� ����
2. **�������� ������ �� ����:** ������ ������� ��� �� ��������� ����, ������ �� ����� �� ����� ��� ������� �������� ��� (Microbes) ���� ���, ������ ��������� ������ ���� ������ ��� ����� �� ������� �� ���� ��� ��� �� ����� ��� �� ������ ��� ��, �� �� �� ������� ��� ������ �������� ������ �� ������� ���� ���� ������ �� ����� ��?
3. **�� �� ������** (Water Consumption): �� ��� �� ���� ��� ����� ���� �������� ��� ��� ������ ��, ������ ���� ������ ���� ��, ������ ������ �� �� '���' �� ������ ����� �� ����� ��� ������ ������� �� ������ ������ ��� ���� �� ����� ���

���������: ��� �� ������ �� �� ��� ���������� (Dualistic) ��� �� ����� �� ��� �� ����� �� �� �� ��� ����� �� ������ ������ ����� ���—���� ��� �� ���� ����������� ��, �� ����� ��, �� �� �������� ��� ��? ����-������ �� ���

��� ���� �� �� ��� ���� �� ����������� ����

3. '����-���' �� ����� ������ (The Ultimate Verdict)

���� ��� ������ �� ��������� �� ������� �� �� ���� �� ����� ����� ����, ����� ������� �� ������ ���� ������

- **���-����� ����, ��������� �� ��������:** ������� �� ���� ���� �� ��� ���� ���� �� ��������, ������� ��������� �� ������ ��������� �� ���� �� ���� ������
- **��-��� (Disruption of Flow):** ��� �������� �� ���� �� ������ �� ���� ���� ���� ��� �� ������ ����� ��� ���� ����� �� (������ �� ���: ���� ������� ������ �� ���� ����� ��), �� �� ���� '��' �� ��� �� ��� ��—��� ����� ���� ������
- **���������� �� ������:** ���� �� ���������� �� ������� ���� �� ����� ��, ���� ���� �� ������ ��� �� ���� �� ����� �� '���� ���' �� ����� ���

���.4:

��� ���� �� ���� (������ �� �����)

����� �� ��� �� ���� ����������

���� ������ ���, �� �� ������� ����� �� �������� ����� �� ���� ����� ����� ���� �� ����� �� ���� ��� �� ���� �� ���� ���� ��� ����, ����� �� �������� �� ���-��� ���� �������� ��� ���, �� ��� �� ������� �� ����� �� ���� ����� �� �������� ��� �� ����� ���� �� ���� ��� �� ��, ��� �� ������� ����� (��� ����) �� �������� �� ��� �� ��� ����� ���� �� ���� ��, ������� ������ �� ��������� �� ������ ��������� ��� �� ����� ��� �� ��������� ������ �� ���� ����

��� ��, �� ������������� ���� �� ������� �� ���, ������ �� ������� �������� �� ���, �� ������� �����, ���� �� ������ ����� �������� �� ������ �������� �� ���, �� ��������� '�����' �� �� ������ �������� �� ������� ������ ��� ������ �� �� �������, ��������� ���� �� �� ��� ����� �� �������� �� ��� �� ���� ���� ��; ������� �� ������� ������ �� ������ (������) �� ���� ���, ����� (�������) ����� �� ���������� �� ���� ���

�����, ���� �� ��� '�����' �� ������ ���� ���� �� ������� ��� �� �������

������ ��������� �� ��� �� ��� ����� �������� �� ������ �� ��� ������� ���� ���� ���� ���� ��� ������� �� ����� �� �������� ������ �� ��� �� �� ������ �� ���� �� ������ ��������� ��� �� ����� ���� ��� �� ����, ������� ���� �� �� ���� �� ���� ���

���, ��� �� �� �� **�������**—�� ������ ��������� �� ���������—�� ��� ��� �����, �������� �������� ����� �� ��� ����������� ���� ����� �� ������� �� �� ��� �� ������� ���� ��� �� ������ �������� ������� �� �������� ��������� ���� �� ������ ��� ���� ������ �� ������ ��������� ����� **��������� (��� ����)** �� ��� ��, �� ������� �� �� �� ������� �������� �� ��� ��� ���������

����� ���� �� ������ �� ���-�����

��� ���� (������) ��� ��������� ����� �� ��������� ������ ���� ��� ����� �� ��� ���� ����� �����, ���� �� �������� ������ ��� ����� �� ���� �����, ����� ��� �� ������ ���� ��� ���� ���� ����� �� ��������� �� ���� ���� �� ���������� ���� ���

��� ���� (�����) �� �������: �� ������� �� ������, ����� **����� (The Zero State)** ��� �� ����� �� ������ �� ���� ������ (����/��������) �� ������� (�����/���) �� ������ **1:1** ��

50:50 ��� ��� ������� ������ ����� (Absolute Equilibrium) ������� ���

1. ������ �� ������� - ������ ������ ���� �� ������� ������ �� ������ ���� ����, ������ ���� ������� ��� �� ������� ���� �� �� ��� �� �������� ���� ���� ��:

������������� ���� (Cosmic Law): ������ ��� �������� ����, ������ ����, **������������� ���� (Mahakaal)** ��� ��� ���� ��� �������� ������� ��� '����', '����' �� '��� ������' �� ��� ��� ���� ���� ��� ���

������ �� ������ (Source of Energy): ������ �� �� **������� ������ (Mahakaali)** �� �� ������� �� ������� ���� ��� ��� ������ ��� ������� ��� '������', '������', '������� ������' �� '������' �� ��� ��� ������� �� ���

������� (���� �� ����): �� �������� �� ������ (���� �� ������) �� ���-��� ������ �� ����, ���� **������� (Laya)** �� ��� ���� ������ ��� �� ������� �� �� ������ �� �� �������� �� ���� �� ������� ���

2. ������ ���� ��? (���� �� ��� ������): ������ �� �� ������ �� �� ���� **��** ��� �� ���� �� ��� �� ������ ���� ��, ������ ���� �� ������� ������ ��, ���� �� ��������� ���

������ ��� ���: �� ��������������� �� ���� ���, ������ �� ��� �� ����

���� �� ������� ���, �� �� ��� �� ����� ������� ��� ���

���� �� ��� ����: ����� ���� ����� ����� ��� ���� ��� ������ ���� �� ���� �� ����� �� ������ **(Core of Consciousness)** ��� ��, ���� ���� **(Logic)** �� **�����������** **(Willpower)** ����� ������ ��� ���� ����

3. ������ �� ���-����� (The Grand Creation): ������ �� ����� ���� '��������' �� ���� ��� ��, ����� **�����** **(50:50)** �� **��-��� (Laya-Distortion)** �� ���� ��� ��� �� ����� �� �� ������� (50:50) ������ ��, �� ����� (��������) ������ (�������) �� ���� ����� ���� ���� �� ���� ��, �� ��� �������� �� ������ �� ������� ���� ���

������ ��� ��� �����: ������ �� �������� ������ �� ������ �� ������ �� �� �� ���� ����� ��� ������ �� �� **���� �������** �� ���� �� �� �� 50:50 ������ �� ���� �������� ���� ��, �� �� ����� **����� ����** **(�����)** �� ��������� �� ���� ��, �� ��� ������ �� ��� ����� ���

����� �� ������� (Duty of God) �� ���� �� ���������

�� ��������� ������ �� �� ���� ��� ���� (�����) ������ ������ �� ����� ��, ���������� �� ���� ���� ��, ��

������ ���� ������ �� ��� ����� ���� ���

��� ���� (�����) �� ������:

1. **� ����, � ����:** ����� � �� ���� ������� �� **����** **(Blessing)** ���� �� �� � �� ��� **���� (Punishment)** ���� ��� ��� ����� �� �������� ����� ���� (50:50 �������) ��� **����� �� ����** **(��� �� ����)** ����� ��� ���� ��� �� ������ ���� ����� �� ������� �� �� ������ **������** (����) �� **�������** (������) �� ��� ��� ��� ����
2. **������ �� �������� ����:** ����� �� ������� �� ����� �� ��� **������** **(������)** �� ���� ���� ����� �� �� ������ (���� ��������������, ���� �� ����, ���) �� ����� �� ������ ���� ��, ����� �� ���� �� ������� �� ���� ��� ��������� ���� ��������� ��� �� ���� ���� �����
3. **���-����� �� ��������:** ��� ���� �� �������� �� ����� �� �� **������ ���� ��������, ������ ��** **��� �� ����� ���� ����� ��** **�������** ���� ������ �� ����� (�������) �� �� �� �� �� ����� �� ����� ���� �� ��� ���� �� ��� (�������) ��� �� ���� �������� ���� �� ��: **����� �� ������� ����** **��� ���� (�����) �� ���� �����**

����� �� ������� �� ���� �� ������ (The Vastness of God):

����� �� ������ ���� ����� �� ������ �� �� �� ������ ���� ���� ���� ����� ��� ����� �� ����� �� ��� ����� ��� ���� ��� **(very long time)** �� ���� ���

�� ������� �� ��� �����: �� �� ��������� �� ���� ���� �� ����� ���, �� �� ���� ��� ��� ����� �� ���� ���� ���, �� ������ �� ��� �� ��� �� ���� ����� �� �� ��� ��� ���� ���� ��� �� ���� ����������� ����� ����� (��������) �� ������ ���� ��� � �� ���� ��� ���������� ���� ���, � ���� ������� ���� ���, � �� ���� ����� �� ����� ���� ����

��� ������, ��� ���� �� ���� ���� ��� ��� �� ���� **�����** �� **��������** ���� �� ����� �� ��, �� ����� ����-���� ��������� �� ����� ��� ���������� ��� �� ����� ���� �����

������ ����� �� ������� �������:

����� �� ��� ����� �� ���� ����� ��� �� �� **����** �� **�������** �� **�������** �� ��� ���� ��������� �� �� ��� ��� �� �� ������ �� ����� �������� ������� ��� �� ���� ����� �� ������ �� ��, �� ��������� ���� ����� ���� ���� �� ��� **���** ��

�������� ���� �� ����� �� �� **(Hell/Sin)** �� ���� **(Heaven/Virtue)** �� ��� ��� ���� �����

�������� �������� �� �� ������� ������ ������

�� �������� ���� �� ��� ��������� ���� ��; �� ������ �� ������ �� ������ ���� ���� ������ �������� �� �� �������� ������ ��:

��������� ������ **(Philosophical Question)**	������ ������� ��� ����	�� ������� �� ������� ������ **(Laya Vigyan's Logical Solution)**
������ �� ����� ��������� ���� ��? **(What is Man's Ultimate Purpose?)**	�����, ������, �� ����� �� ����� ��� ����� �����	��-������ **(Laya-Shuddhi)**� ���� ����� �������� ���� ����� ��� ������ �� ������� �� ������ �� **50:50** �� ���� ��, ���� �� ����� ����� ���� �� �����

��������� ������ (Philosophical Question)	**������ ������� ��� ����**	**�� ������� �� ������� ������ (Laya Vigyan's Logical Solution)**
���� �� ��� ����������� ���� (Predetermined) ��?	���, ����� �� ����� �� ����� ���	����� ���� ���� (������) ����������� ���� ��� (���� ���� �� ���������)� ����� (�������) ����� ��� �� ���� ������ �� �� ����� �� ������ ���� ����� �� ������� ���� ���—�� ��� ����������� ���� �� ��� �������� ����

��������� ������ (Philosophical Question)	������ ������� ��� ����	�� ������� �� ������� ������ (Laya Vigyan's Logical Solution)
���� �� ����� ���� �� ��� ��? (Where does Suffering and Evil originate?)	�����, ��� �� ��������� �� ����� ���	**��-����� (Laya-Distortion)** ��� ���� �� ��� �� �� �� ������ (����) �� ������ ������� (�����) �� ����������� ����� ���� ���, �� �� �� ���� ����� ��� ������ (��) �� ���� ����

��������� ������ (Philosophical Question)	������ ������� ��� ����	�� ������� �� ������� ������ (Laya Vigyan's Logical Solution)
������ �� ��� ���� ���� ��? (What happens after Death?)	������ �� ���� ��� ������, �� �����������	����� �� ���� �� ���������� ��� ���� ������� (�����) ���� ������ �� ����� ��� ����� �� ���� ��, ���� ���� ���� (����) ������ ��� ��� ��� �� ����� �� ������� ���� �� ��� ����� ������� ���� ���� ��� ������ ������ �� ���� ���� ���

��������� ������ (Philosophical Question)	������ ������� ��� ����	�� ������� �� ������� ������ (Laya Vigyan's Logical Solution)
���� ��� ������� (Miracle) ���� ��?	���, ����� �� ������� �� ���� ���	����, ���� �� �� ������� (Forgetting the Laya)� ���� �� ������� ���� ���, �� ���� �� ���� ������ ���� �� ��������� ����� �� ������ ��, ���� ���� �� ���� �� �� ������ ��� ������ ���� ��� ��� ���� (�����) ���� ������ ����, �� ���� ���� ������� ���� ���

��������� ������ (Philosophical Question)	������ ������� ��� ����	�� ������� �� ������� ������ (Laya Vigyan's Logical Solution)
����� ���� ������� ���� ��? (How is Knowledge attained?)	������� �� ������ �� ���� �� ��� ��� ���� ���	���� �� ����� �� ���� �� �� �� ����� ���� ��� ����� ���� ����� ����� �� ���� ���; �� ���� ���� ������ (���� ����) �� ����� �� ����� �� ��� ��, �� ��� ������ �� ��� ���� ���

����� �� ��� - �����, �� �� ������ ��� ��� �����

�� �� ������ �� �� '�� �������'/���� ��� ��� �� �� �������� �� �������� ����� �� ��� ��� �������� ���� ��� �� ���� ������ ��������� �� ����� �� ����,

�������� �� �� ��� ����� �� �������� ������ �� ��������, ��������� �� ��������� ���

�� ������� “���� ��� ������” �� ��� ����� �� �� �������� �� ��� ���� �������� �� ���������, ������� �� ����������� ������� �� ��� �������� ���

1: ��� ���� �� ����-������� �� �����

������ ��, ������ �� ����� �� �� ����� ���� �� ������� �� ���� ���� �� ��� ��� ������ �� ��—�� ������ �� �������� �� ������� ���� �� �� ������ ��� ���� ��� �� ����� �����, ���� ���, �� ������ ��� �� ������� “���� ��� ������” ���� ��� �� ����, ����� ��� ���� �� ��������� ������ �� �������� ���� ��� �� ���� ����� �� ������ �� ���� �����, ����� ��������� �� ����� ������� �� ����� ���:

�������������:

������ �� ���� ���, ��� �� �� ���, ���� '���� �����' ��� ������ ����� �� ���, ������ ������ ��, ���� ��� �� ��� ���� ���� ��, ������ ����� ��, �� �������� �� ��� ��������� ���� ��� �� ����� ���� ������ �� ������ ���� ��, ����� ������ ��������� �� ���

��� ��� ��� �����, ����� '����� ����' ��—�� ��� ����� �� �����, ���������, �� ������ ��� ��� '��� �����' �� ���� ���, ����� �� ����� ��� �� ���������� ���� ��� ���

���� �����: �� ����� ��� �� ���� ������ ������ ��� '�������� ������' �� '�������� �����' ��� ���� ��—�� ��� ������ ���� ������ ���� ��, �� ������ �� ���� ���� �� ���� �������� ����� ���� ������� ������� �� ��� '���������' �� '���� ����' (�� �� ����, �� �� ����) ���� ���� ���� ����� ���� ���

����� �� �����: �� ��� �����

���� ����, ����� ��� �� ����� ����� **(Void)** ��� �� ����� �� ��� ����� �� ��� ���� ��� ������ �����, �� ��� ���� ����� ����� �� ������� ��, �� ����� ���� �� ��� ����� ��� �� ������� �� ��� �� ���������� �� ������� ����� ���

����������� ����: ����� '����� ����' (�����)—�� ������ (��� �� ������ �� ��� �������) �� ������� (���� ����� �� ��) �� ���� ��—��� ������ �� ����� �� ������ ��� ����� ���

�� �� ���: �� ������ �� �� ������������� �� ���� ���, �� �� ������������� ���� �� �������

������ ��� ������ ��� ����� �������� �� ������� �� ����� (����� �� ������) �� ������ ��� ��, ���� ����� ����� ������ ��� ��� �� ����� �� �� �� ��� ����� ��� ��� ����� �� ���� �� ����������� �������� ��� ����� ���� ��� ��� ����� �� �� ����� ���� ��� �� ����� �� �� ������������ ������ �� �� �� ����������� �� ����� ��� �� ������ �� ������ ��� �� ������� �� ��� �� ������� �������

������ �� ������� �� ����

����� ��� �� ��� ������ ����� ����� **(Innate Will)** ����—����� �� ������� �� ��������� ���� �� �� ���� ����� �������� �������� �� ������� �� ����� �� ���� ����� ����� �� ����, ����� ����� �� ���� �� �������� ����� ��� ������� **(Big Bang)** ���� ����� ���� �� ������ ���� ��, ����� ����� �� ���� �� ������� ��� �������� �� ���� ��� ���� �� ����� **(Expansion)** �� ��� �� ���� ����

����� �� ����� �� �� ��������, ���������� ����� ���� ���������� ��� ������� ����—��� �� ���� ���� �� �� ������� ��������� �� ���� ��:

1. ������ (The Absolute Stillness)

�� ���� �� �� ���������� �� �� �����, ���� ���, �� ������������ ��� �� ������ �� ���� (Foundation) ��, �� ����� �� ���� ��������� ��� �� ���� �� ���� ���� ���� ���

����	���� ��������	�������� � �����
������	������� �� �������� �� �� ����� ���� �� �� ���� ���� ���� �� �� ���� ���� ��� �� ���������� ����� ��, ����� ���� ���� ��� �������� ���� �����	������ (Matter) �� ����� ����� ������ �� �� ��������� �� ������, ����� ����� (����� ����) ��� ���� ���� �� 80% �� ���� ��������� �� ����� ��, ���� �� ��� ���� ����, ����� ����� ���������� ��� �� ���� ���� �� ���������� � ���� ������

����	���� ���������	��������� � ������
�����	���� ���� (Holding). �� ����� �� ������ ��, ��� ��� (Form) �� ������� ��� (Mass) ���� ���	��������� � �� ������� �� �� ���� �� ������ ���� �� �� ���� ��� �� ��� ���� ���

2. ������� (The Infinite Motion)

�� ���� �� �� ����������� �� �� ������, �������, �� ��������� ��� �� ������� �� ������ ��, �� �� ����-����� �� �� �� �� �� ���� ���� ���

����	���� ���������	��������� � �����
������	������ �� ����� �� ������� ���� �� �� ���� ������ ���� �� �� ���� ���� ���	����� (Energy) �� ���� �������(�� ������-������) ������� �� ���� (Vibration) �� ����� ���� ��� �������� ���� ����� ��������-������ ����� �� �� ��� �� ������ �������, ���� ���� ��� ����� �� ��� ���—��� ������� ���

����	���� ��������	�������� � �����
�����	���� �� ���� �� ����� ���� ��, ��� �� ������ �� �� �� ����� �� ������� ���� ���	�� �� ������� �� �� ���� �� ����� ���� �� ���� ���� ��, �� ������ ������� ���� �� �� �� ����� ���� ���� ���

������ (�������): �� ������ �� ����� �� ������ ����� ������ (Clay) ������ ��—����� ����� ������� �� ����� �� ��� (Motion) ������� ��—������ ������ �� ����� ����� ���, �� ����� (������) ������� ���� ���

����������: ��� ���� �� �������� �� ������� ������

������ �� ������� – ��� �� ���� �� ��� (Beyond the Limits of Time)

����-����� �� �� ������ ��� �� ����� ���� �� ��� ���� �� ��� ��� �� ������ ���� ������� ������ �� ����� �� ���� ��� �� ���, ����� ���� �� ���� �� ���������� �� ������ ����

�������������: ������ �� �������

������� ����: ����� ��� ������������� �� ���� ���� ������ �� ����� �� ���� ��� �� ����� ��� ����� ����� ���� (����/������) �� ������ ���� (�����/�������) �� ����� ��, ������� ��� ���

���� �� ����: ����� ������ �� ����� �� ��� ��������� ����� (������ ����) �� ���������� ���� (����� ����) ����� ������ ���, ����� ����� �� ������������� (���-�����, ���-������) ��� ��� ��� �� ��� ����� ������ �� ������ �� ������� ���

������ �� �������: ����� ������ �� ���

��� �� ���: ���� �� �������� �� ������ (Great Time/Law) �� ������� (Great Energy/Motion) ��� ����� ����, ������� �� ����� ������ ������� ��� (Relative Time) �� ��� (Beyond) ���� ����� ��� �� ���� �� �� ���� ���� �����

������ �� �������: ��������� ����-����� �� �� �������� ���� ����� �� �� ���� ������� ������ (�����, ���������, ����) �� ���� �� ��� ������ �� ������ ����� ���� ��� ����� �������� �� ����� ������ �� ��� (���) ���� ��� �� ��� ���� ���������� �� ����� ���� ������ �� �� ���� �� ������� �� ����� �� ���

������ �� ��� ��� �� ���� ����� ��������� �� ���� ������ ������� ��� ���� ����

����� �� ������: �� ��� ����� ���������� ��� �� �� ��� ���� (����) �� ���� ����� (�����) �� ������ ���� ���, �� �� ��� ����� ��� �� ���� ������ ����� �� ���� ��������, ����� ���� ����� ��� �������� ���� �� ������� ����

��������: �� ������� ����, ����� �� ������ �� ��������� �� ��� ���� �� ���, ���� ������� ���� ������� ��� �� ����, ����� ��� ���� �� ����� ���������� �� ���� �����

�. ���� ���� ������: ����� �� ������ �� ������

�� ���� �� ��������� �� ������ ���� �� ��� ��� ������ ����������� �� �� ������ ����� �� ������ �� ��� ��� ��������� ���� ���, ������ **�����** �� **����**, ������� �� ��-�� ��� ������� ����� ��� ���

��������� �/����	������ �����(��'�� �������' �� ��� ���� ��)	'�� ��������' ��� ������
�������� ���������	"���������� ���� �������"(�� ��� ������ �� ������� ��)� "���� ���������� ����������... "(����� ���, ��� �� �������� ��)� ���������� �� ����� �� �������� ������ ������	'������' (�������, ����), �� �� ���� (�������)��� ������� ���

��������� �/����	������ ����� (�� '�� �������' �� ��� ���� ��)	'�� �������' ��� ������
�����-�-���	������ �� �� �� �� ���������� ��, ������� �� ����������� ��� "�� �������� ���� ����� ��, �� �������� ����� �� �� �� �� ���� ���� ���"	'�����' �� ������ (�������� ����) �� ������ �� ��-�� ��� ����� ���
������ �����	"����� ����� ��" �� ���������� ��� ���� ���� �� ���, "����� �� ����� �������� ���� ���"	����� ������ �� ������ ����, ����� ������� ����� �� ���� ��, �� �� ����� (�������� ����) ��� ����� ���

��������� �/����	������ �����(�� '�� ��������' �� ��� ���� ��)	'�� ��������' ��� �������
���� ���� �����	����� �� ���� ���������� ����� �� ����� ���� ��, �����. ���� �� �����(����) �� ��� ���� �� ���� �����	�� ������� (��� ����) �� ���� �� ���������� �������� �� ���� ������� ���� ���
���� ���� ����� �����	"���� ��� ����� ���, ���� ���� ���� �� ���" (����� ����, �������� ��) "�� �����" (����� �� ��)�	����� (�������, ��), �� ��-�� ��� ������� ���

��������: ��� ���� ������ �� ��� ����� �� �� ����� ����, ������� �� ���� ��, ����� �� ��� ��� �� �� ��-�� ��� ��� ������ ������� ���� �� ��� ��� �� �����, ������� �� ����������� �� ����� �� �����, ���� �� �������

�� ����� �� ����� ���� ������� ���� ���

����� ��� ��?

��� ���� �� ��� �������: ����� ��� ��?

����� �����, '����� ����', ��� ����� ������� �� ������ ���� ���� ���� ��, ����� ��������� �� ������� ��� ���� �� ���� ����� �� ����� �� ���� ��� ����� ���

1. ����� �� ������: �����, ������ �� ����� �� ����

��� ��������: ������ ����� �� ������ �� ���� ���� ����� ��� ��� ����� '����� ����' (�����) ��� ���� ��� �� �� �������� ��� �����:

������ (�����/����): �� ����� �������� ��—����, ����������, ��� �� ��� �� ����� �� ������ �� ���� �� ������ ���� ��� ������ (�����/�������): �� �������, ������ �����, �� ����������� ���� ��� �� ����� ����� �� ������� ��� ������ (������): �� ���� ���, ���� ������ ��, �� ����� ���� �� �� ���� �� ���� �� '������' (Matter) �� ������ (Dark Matter) �� ���� ��� ���� ���� � �� ������ �� ���� (Foundation) ���

������ (������� �� ��������):

������� �����: �� �� �� ���, ������� ������ ������� ��, �����

����� ���� (�����) ����� �� �� �� ��� �� ������, ������ �� ����� ��� �� ���� ���� ��� ������ ��, �������� �� ��� ������� �� ��� �� �������������� ���

�������� (��������/���): �� ���� �����, ������� �� ���������� ����� ��� �������� (������): �� �������, ���� ����� ��, �������� (��� �� ���������): �� ������ ����� �� �� ����� �� ����� �� '������' (Shakti), ���� (String) �� '������' (Energy) �� ����� ��� ����� ����� �� �������� �������� ��—�������, ������� �� ���������� ������ �� �������

�� ������—������� (��������) �� �������� (���)—�� ����� ����� ������ ����� �� �����, ������ ������������� ����������� �� ����� �� ����� �� '�������������' �� ��������� ��—�� ������� ��������� �� ��������� �� ����� �������

������: ���� ����� (��������) �� ��� (�������) �� ������ �� ������� (�������) �������� ����� ��, ����� �� �� ����� �� ����� �� �� ��� �������� (Big Bang) ���� �� �� �� �� ������ ��� (����, �����, �� ����� ����), �� ��� ������� �� ����� �� ���-��� ������� ��� ����� �� ��� ���

����������� ����: ������� �� �������� �� �� ������� ������� �� �� �� ����� ������������ �� ��� ��� ��-����� ��� ������� ���� �� ������� ���� ��������������� �� ��������

��—�� �� ����� �� �� ��� �� ���� ����

2. ������ �� ���-����� (Big Bang)

�� ������� (���) �� ������ (�������) �� ������� ���� ����� ����, �� �� ����� ����� ���� �� ����� ���� ������ �� ����� ���� ��, ����� ������ �� ������ �� �������� ���

��������� ������: ��������� �� ��� ��� ���� ������ ���� ���� �� �� ���� �� �� ������ �� �������� ����� ������ �� ���� ����� �� ����� ����

���� �� ����: ������� (�����, �����) �� ���� �� ��� ���� �� ����� ���, �� ������ (�������������, ���) �� ���� �� ����� ��������� ���� ���� �� �� �� ����� ��-����� �� ������ �� ������ ��� ������ �� ������� �� ��� ����

������� �� �������������: ($E=mc^2$ �� �����)

������� �� ������������ ����� $E=mc^2$ �� �������� �� ������ ���� �� �� ������-������� �� ������ �� ������� ��:

E (�����): �� ������� �� (������)�

m (������ ���): �� ������ �� (�������)�

c^2 (��� �� ����): �� �� �������� �� ��, �� ����������� ��� �� �� ������� �� �������� �� ��� ��� ������� ����� ���

�� ������ ������ ���� �� �� ������ �� ������ �� �� ����� �� �� ��� ���, �� ������� �� �� �� ������� �� ������� ��� ����� �� ������� ���

���������� �� �����: �� ��� �� ��� ���� �� ���!

�� ������� �� �� ������ ���� ��� �� '�� �������'/"���� �����" ��� ��� ����� ���� ��� �� ��� ����� �������� ��, �� ������� ��� ���� ���� �� ��� ��� ���� �� ������ ��, ���� ���� �������� ��� �� ���� �� �������� �� ������ �� ������ ���� ���� ���� ��� ���� ���-��� �� ���� �������, ������� �� ��������� �� ������ ���

�� ���� ��� �� ������ �� ����, �� ��� ������� �� ����, �� ��� ��� ������� �� ������ �� ���� ��� ��� ��� �� �� ���, ������ ���� �� ���� �� ������� (��) �� ������� �� ��� ��� ��� �� �� ������ �� ��� ����

3.������ �� ���: �� �� ��� �� ���� (The Law of Rhythm)

������� �� ����� ���� ��, ��� ��� �� ������ �� ���� �� ��� ��, ���� �� ��� (Time) ���� ����

��� �� ��: �� ��� ��� ������ ��� ���� ��, ������ �� �������� �� �� ��� (Rhythm and Tempo) ��� ���� ������ ��� ��� ���� ��, ���� �� ���� ��������� �� ��������� ������ ������ �� ��� ������ ���

���� �� ������: ��� ��� �� ������ ���� ���������� �� ������� �������, ��� �� �� ��� �� ���� ��� ���� ������ ������ ���� ���� �� ��� ���� �� �� �� ���� ���� �� '���' ��, �� �� �� �� ������ �� '��-������' ���

���-����� �� ������� ����: ������ �� �� �� ����

�������� ���� �� ���, �� ����� ������ �� �������� �� ���� ����� ���� �� �� ���-������ (Cosmic Creation Event) ����

������ ����: �� ������ �� ������ �� ���� (Vibration) �� �� �� ������� ��� ����� �� ��� �� ��� ��, ������ ����� �� ��� �������� �� ������� ��—��� ������� �� ������ ���

������ �� ��������: �� ������ �� ������ �� ���� ���, �� ��� ���� ������ (Ratio) ��� ����, ��� �� ������ ��������� �������, ������ �� ���� ���� ��� �� ��������� ���� ������

������ ���� (��� �� ���): �� ����� �� ��� �� ���� ���� ��� �� �� ������� �� ����� ���� ��, ����� �� ��� ����

����� �� ���� �� �� ����� ��� (���� ������ ���) ����� �� ���� ���, �� ���� �� ���� ����� �� ������ ���� �� ��� ��� �� ����� ��� �� ��� ��� ���� ���� �� ������� �� �� ����� �� ������ ������ ������ �� ��� ���

�� �� �������� �� ����� ������

��� ����� ����� �� ������� ��, ��� �� ��� (Rhythm/Timing) �� ���� ���, �� ������ ������� �������� ������ ����� ���� �� ��� ����� ���� ���

������� ������ �� �������: �� ���� �� �� ����� ����� �� �� ��� ������� �������� ������ �� ��� ���� �����, ��� �� '���� ��� ���' �� ���� ��� �� ������—������ ����� (���� ��������) �� ���� ������ �� �� ������������ �� �� ���� �����—�� �� ����� �� �� ���� (����� ����) �� �������, ����� ��� ���� ������ �� ������ �����/������ (������ ����������, ����� �� ����� �����) �� ������

���: ����� ����� ���� ������ ��� �� ����� ����, ����� ���� �������, ��������� �� ���� ����� ������ ���� ��, �� ��� ����������� �������� �� �� �� ���� ��� **���**:

1 ����� �� ������ �� ������ �� ��� ������� �� ��� �� �� ��� �� ���� �� ���� �� ������ �� �� ����� �� ���

��� �� �� ������ �� �� ����� �� ��� �� ������ �� �� ��� �� �� ����� ����� ���� �� ����� �� ��� �� ��� �� ���� ����� �� ������ �� ����� ���� �� ��� �� ����� ���� ���� �� ����� �� ������ �� ������ ��� �� ������ �� ������ �� ������ ������ �� ��� �� � ���� ������ ������ ������ �� �� ���� ������� ��� ��� �� �� ������ ����� ������ �� �� ���� ���� ��� ��� �� �

2 ����� �� ����� ������ �� ����� ���� ������ ���� �� �� ���� �� ��� ����� �� ��� ���� ����� �� ��� ���� �� ������ �� �� ��� �� ����� �� �� ��� �� ����� �� �� ������� �� ���� ����� ���� �� ����� �������� ������ �� ��� ���� �� �� ������ ���� ����� �� �� ����� ��� ����� �

3 ���� ����� ����� ���������� ��� �� ����� ������ �� ���� ���� ��� �� ���� ���� ����� ���� ���� �� ���� ������ �� ���� �� ���� ��� ��� �� ��������� �� ��� �� ��� �� ���� ��� ���� ������ �� ������ �� �� ������ ���� �� ��� ������� �� ���� �� �

����� �� ���� ���� �����: ��� ��� ����-����� ���� ���� �������� (�����) �� ���� ���� ������ �� ������� �� ������ �� ����� ��� ��, �� �� ���� ���� �� �� �� ��� ������ �� ��� ���� ��� ������ ������ (��-������) �� ��� ����� �� ���� ������

������ �� �� �� ���� ���� �� ����� ��� ���

������ �� ����:

������ �� ��� ������������� �� ��� (���) �� ����, ������� �� ��� �����, ��� �� ����� ��� ��� ������ ���� ��� ���� �� ������ �� ���� �� ��� ���� ���—����, ����, �� �����

����-�����:

�� ���-����� ���, ������ (������) �� ����� (�������) ��� ������ (Ratio) ��� ����, ��� ������ �� ������:

���� ��� ���� (Properties) ��� (���� ������ (Nature) ���) ��� ������ ���� ������ (Type) ��� (���, �����, ����, �� ���)�

���: ��� ��� �� ������ ��� '����� ����' �� ��� ���� �� �� �� �� ������� ������ �� ��� ���, �� ����� ��� �� ����� �� ������ ���-��� ���

���� �� ������: ��� �� ����

������ �� ���: �� ������ ���� �� ������ (������) ��� ������ ������ (�������/������) �� ��� ������ ��, �� ��� ����� (����, �����) ���� �����

������ ������� (���/�����) �� ��� ����� ��, �� ��� (����) ���� �����

����� ������ �� ������ ��, �� �� ��� �� ���� ����

4. �� �� ����: ����� ��� �����
(�� ����� ������ �� �� �� ����� ��)

�������� �� ����: ��� ��� ��� ��� �� ����� �� �� ����� ����� (�������) ��, �� �� ���� ����

���� �� ���� ����: ����� ������ ���� ��, ������ �� ��� ������������� �� ����, �� ���� ���� ���� ����� �� �� ���� ����

����� ���, �� ��� �� ��� ���� �� ��� ���� ��� �� ���� �� ���� ����� ������� ���� �� �� ��� ��� ��� �� �� ���� ����

����� ����: �� ��� ���, ������ �� ������������� �� ��� �� ����, ����� ��� �� ����� ��� ����� ��� ��� ���� ���, ���� �� ���� ���� ���� ��� �� ���� ���� ��� �� ���� ���� ���

����-�����: ����� �� ���� �����

�� �� ������:

������ �� ������� ������ �� ����� �� ���� ������ �� ��� ��, �� �� �� ��� �� �� �� ���� ��� �� �� �� ������� �� ��-����� ��, ����� ������ ����� ���

������������ ��������: ����� �� ���� ��������� ��� �� ����, ����� ������� ���� ���� �� �������� �� ��� ��� ��� �� ��-����� ���� ���������, �� ������ (����� ����) �� ���� �� ������� �� ������� ���� ���� �� �������� �� ����� ���

��������� �� ������ �������: �� '�� �������'/���� ��� ��� ��� ������� �� ���� �� ������� ��� ��������, ���� ����� �� ������������� �� ������� ���� ������� ������ �� �� ������� �� ��� ������ ������ �� ���� ��������, ���� �� �������� �� ������� ������� �� ���� ��������

���� �� ����: �� �� ��� (Timing)

��� ���������: ���� ���� �� ��� �� ������� ��� ��� ���� ��, �� ����� ��� �� ������ �� �� ��� ���� ��, ���� �� ���� ������� �� �������� ��� (Timing) �� ���� ��� ���

�� �� ��� ��� ���� �� (���), �� �� ������, ��� �� ��� ���� ����

�� �� ��� ������ ���� �� (��-������/ ����), �� �������, ����� �� ������ ���� ���

��������: ����� ����� ��� ���� ����, ����� ��������� ��, ����� ������ �� �� ��� ���� ���� ��� ���� ������� �� �� �� ���� ������� �� �� �� ������������� �� �� ���� ����

��� ����: �� '�����' �� �� ��� ��

������ ���������� �� ����� �� ���� ��� ���� ���� ������� �� �������� ����� �� ��� ��� �������� ����� �� �� ���� �� ������ ���� ����� ����� �� '��� ����' ��: ����� (The Absolute Zero)�

����� �� ������ �� ���� �� ��� ������ ��, �� ��� �� ����� ���� ���

����� �� ������	��������/ ��������� ������
������	������� ������ (Darkness), �����-�����, ������ ������
�������	���� ��� �� ��� ���� (Potential but Unmanifest): �� ����� ���� ��� ������� �� ������ ������ ��� ������� �� ��� ����
�������	���: ������ ��������� ������ ������ �� ���� �������, ����� ��� ������ ���� ���� ���

�� ����� �����, ���� �� ���� ��� ����� �� '����' ����� �� ����, �� ������, �� ���������, �������� ����� ����� ���� ���� �� ����� �������� �� '�� ��������' �� ��������� ����

2.����� �� �� �����: ������ �� �������

����� �� ���� �� �� ������ ����� �� �� ������ �� ����� (Duality) �� �������� ����� ����

�. ������: ������, �������� �� ���������� �� ������

'������' ����� �� �� ���� �� �� ������, ������� �� ���� �� ������� ��� �� �� ����� �� �� '�����' �� ���� ���� ���

������ �� ���-����	���������/ ��������� ����
���������	�����, ������ (Matter), ������� (Inertia)
������	�����, ���, ������, ����, ��� �� ��� (Timeless)

������ �� ���-����	���������/ ���������� ����
�����	������ �� ������, ���� ������, ���� (Dissolution) �� �������������� ������� �����

�. ��������: �����, ��� �� ���� �� ������

'��������' ����� �� �� ���� �� �� �����, ��� �� ���� �� �������� ��� �� �� ������ �� �� ����(�������) �� ���� ���� ���

������� �� ���-����	���������/ ���������� ����
���������	�����(Energy), ���� (Wave), ���� (String)
������	����, �����, ���, �����, ������� (Nature), ��� (Motion)
�����	������ �� ������� ����, ������, ���� (Creation) �� �� ��� �����

��� �� '��' ��: ������ (������) �� ������� ����(�������) �� ����� ����

�� ����� ������� �� ������� ���� ��: ����� �� �������, ���� �� �������, ���� �� �������, ������ �� ����� ���—�� ��� ����� ��� ������ ��� �� ��� �� ���� ������ ����

3.�� �� �����������: ������ �� ���� (The Cosmic Burst)

�� ���, �� ����� �� ���� �� ����� ���������� ���� ��, ������� �� ����� �� ����� �� ������� ���� ��, �� ������ �� ����� �� ���� �����

����� �� ���� ��� ��� �� �� ������ (������/����) �� ������� (�����/���) ����� ��� ���� ����� ���� �� ������ ����

������� �� ���� (The Big Bang Analogy):

�� ���� �� ������������ �� ���� ������� (Cosmic Burst) ���� ��—�� ������� �� ���-���� �������� �� ���� ��, �� ����� ������� ��� �� �� ������ ���� ���

�� ��� ������� �� �� ��� ���� ���� ���:

����� �� ������: ����� ��� �� ������ (��������) �� ������ (������)�

������ ����: ��� (���), ������������, �� �������

��� �� ��� ����: �����, ������, ���, ���� ��� ��� ��� ���� �� ��������� �� �������� ���� ����

������ �����:

���� �� ���, ������ �� ��� �������������� ������ �� ��-�����

�� ������� ���� ���� ��, �� ������� �� ������ ��� ��� ����� ��� �� ������ ������ ��� �� ���� ��� ������ ������� �� ������ �� �������� ���� ����

������� ������� �� ��� ����� ���, �� �������� (Inanimate) �� �� ������� ��� (���� ����, ���������)�

������� �������� �� ��� ����� ���, �� ������, ���������� �� ������� (Animate) ��� (���� ����-����, ���)�

5. �������: ��������� �� ���������� ����������

�� ���� ������ �� ������� ���, ������� ���� ��� �� ���� ���

������� �� ���� ������ (������, ����, ��������) �� �������� (�����, ����, ������) �� ������� ���� ���� �� ���� �������� ��� �� ������� �� ������ �� �������� ������ ������ ���� ���

������� �� �������� ��� ��� �� ������ ��� '���������' �� ������ ���� ���� ������� ��� ���

����� �� ������: ������� ����� �������, ���� �� ������� �� �� ��������, ��� �� �������� �� ���� ��—�� �� �� ������, �� ���, �� �� ���� ��� ���� ��� �� ����� ������ �������� �� ������ �� ���������� ���

�������� �� ������: ������� ��� �������� ���� �� ������ �� ������ �� �� ������ �� (���� ������� ������ ��

�����)� �� �������� ������� �� ���� ��� �� ���������� ���

��������� �� ������: ������� �� ������ ��� ��� ����� �� ���� ���������� �����, ��������� �� ��������� �� ���� ���

��� ���� �� �� �� ������ ��� �� ������ ��� �� ���� ������� ����� ���� ��������� ���

������ ���������� �� ������� �� �����, ���� �� ��� ���� �� ���� ����� �� ��� �� ����� '�� ��������'/���� ��� ����� �� ���� ���� ��������� ��� '����� ����' �� ������ �� ���� ����� ��� �� ������ ���� �� �������, �������� ����� �� ����� ����, �� �� ���� ����� ����� �� ����� ���� �����, ����� ����� �� �� ������ �� ��������� �� �������

���������� ����������: ��� �� ����� ��������

����� ����, ���� ��� '������' �� '�������' ����� �� ����� ���� ��� ��, �� ������� ���� �� ���� ���� ������� ���� �� ������� ����-������� �� �������� ����� ����

�� '�� �������' ����� ���, �� ��� ���� ����� �� �� �������, ��������� ������� �� �������� ���:

�������: �������� ��� �� ������ ����, ������, ����, ��������, �� ���� ��

������ ��� (���� �� ��) � ������� �� �������� �� ������ ��������� ������ ���(���)�� ���� �� ��� �� ������ ���� ���� �� ���� (���������) ���� �� �� ��� �� ���� �� �� ��� ���� �� ��� �� �� ���� ��� ����� �� ��� ��� ��� ���� ��� �� ���� ��� ��� �� ������ �� �� ��� ���� �� ���� ������ �� ������� �� ��� �� ��� ���� �� ����� �

�������: ������� ��� �� ������ ����, �����, �����, ���, �� ���� �� ������ ���(���� �� ��)

����� ����� ���� ��������� ���� �� �������� ��� �� ������� ���� ��� �� �� ������� ������ �� ��������� ������, ���� **��** (������) �� ����� �� ��� ����� ��� �� �������� ���� ����� ����

�� �������

(������������ �� ��-������� ������ ����������)

�� ������� �� �� '�� �� ����' �� ��� ��� ������� ������, ������� �� ���� ������ �� �������� �� ���� ��:

�� ������� �� ����������� �� ����

'�� �������' ������������ �� ����� �������� �� ������� ������� ���� ��, �� ���� ������� ������� ����� ��� ��� ������ �� ������ ���

����� ���������: ������������� �� �������� ���� ��: �������� (��������) �� ������ (�������) �� '������ �������' ��� ���� (50:50)� �� ���� ������� �� ����� �� ��� ���� ��, ����� �� ��� ������� �� ������� ���

�� ������ '��'/���� �� ������� �� �������� �� ������� ���� ��: �������, �����, �� ���� ��� ���� ���, �� ������ �� �������� �� �������� �� ��� ���� ��� �������� ����

���, ���� �� ������� �� ������

��� ������� ������� (�������/����) �� �������� (������/���) �� ���� �� ������� ��, �� ��—�������—�� ��� �������� �� �� �������� ��� ����� �� ��� ������� �� �� ������ ���, ������� �� �������� ���� ���� �� �� �� ���� ��� ����

1.������ �� ��� ������� ��

������� ��� �� ���� �� �� ��� �� ������ �� �������� ��� ������� ������ ���� (Regulating Forces) �� �� ���� ��, �� ������� �� ���� �� �������� ��� ���:

1. ������������� (The Force of Unity):

����� ����: �� �� �� �� �� ������ �� ����� (������ �� �������) �� �� ��� ������ �������� (Structure) ����� ��� ��� �� ���� ����, ���� �� ����� ���� �� ���� �� ���� ���

�������� ����: �� ������, ����� �� ������� �� ������ ��� ��� �� ����� �� �� ������, ������ �� ������� ����� ��� ������ ��� ����� ������, ���� �� ����� �� ��� ��� �������������� �� �������� ��� ���

�. ���/��� (The Force of Change):

����� ����: �� �� ���� �� ������ ��� (�������) ����� ���� �� �� ������� (������) ���� ���� ��� ��� �� ����, ����� �� ������ �� ���������� ����� ���

�������� ����: �� ��������� �� ������������ �� ������ ��� ����� ��� �������, ��������� �� ���� �� �� ����� ����� �� '���' ���� ���� ��� ���� ���� �� ��� ��� �� �� �� ����� ���, �� �������� (������) �� �������� (�������) �� ��� ������ ��� ���� ����

�. ���� (The Force of Order):

����� ����: ������� �� ����—���������, ������ �� ���� ���—�� ������ �� ��������� (Chaos) ��� ���� �� ����� ���� �� ������ �� ����������������� �� ������ ����

�������� ����: ���� ��� �� �����, ����-�����, ������� �� ������� ��

���� ���� ������ ���� ������� �� ���� �� �� ���� ����� �� ���� ������� ���� ������ ��� ����

2.������ ������ �� �������:

���, ��� �� ���������: ������ �� ������, ���� ��������� �� ���� ������� ������� ����� ������ ���� �� ������������ ���� ���� ���, ����� �� ����� ������ ����—�������������,��� �� ���� �� ��� ����� ������ �� ������ ������������ ����

������ �� ������ ����� ��� ������ �� ���:

i.��� (���) �� ������:

���� ������� �� ������ �� ���� ��� ��������� ��� ��� ��� ��, �� ���� ������ �� ��������� ���� ��� ������ �� ���, 10,000 ��� ���� �� ����� ���� ��� ������� (������) �������� ��, ����� ���� ���� ��� ������ ����� ��� ��� ���� �� ��� (�������) �������� ��, ����� ���� ����� �� ��� ����

ii.��� (�����/�������) �� ������:

������� ������ (���� ���������, ������� �������, �� ����� ��� ������) ������ �� ������ �� ������ �� ����� ��� ��������� ��� ���� ���� ��� ������ �� ����� ���� (������ ����) �� �� ����� �� ����

����� �� ���� ���� ��� ������ �� ��� ������� �� ����� ���� (������� ����) �� ������� �� ���� ����

������� ����: ��� ������� ��� ���� ������ ���, ���� �����,���� �� ��������� ���� ���� ���� ����� ��, ���� ����� ����� ������� ���� �� ���� ����

iii.��������� (��������) �� ������:

���� �� ������� ���� �� ���� �� �������� ���� ����� ������ �������� �� ���� ��� ��� ������ �� ���, ������ �� ������ �� ������� ���� �� ���� �� ��� �� ������� ��������� �� ���� ���� �� ��� �� ���� �� ��� �� ��������� �� ������ ��, �� �� �� ������ ���� �� ��� ���������� �� ���� ����

��������: ����� ������, ����� ������� �� ����� ���� ������ ���� ���� �� ���, ��� �� ��������� �� �� �� ������ ��� ���� ���� �� ������� ���� ��� ������ �� �� �� ������, ���� ������ �� ������, ������� ��� �� �� �� ����� �� ���� ������ �� ��������� ��� �� ����� �����

3.���� ��� �� ������� �� �������

��� ������ ������ �� ������� ���, ��� ��� ��������� �� ��� ����� �� ���� ��� �� ������ ������ ��

������� �� ����-���� ������ �� ������ ���� �� ������� �� ��� ���:

������/��������: ����� ������ (�������/������) �� ��� ���� ���� �� �� ������� (���/�����) �� ��� ���� �� ���

���/����: ����� ������� (����/ ����) �� ��� ������ �� ��, �� ������ �� ���� ��� ����� �������� ������� ���� ��, �� ���� �� ������� ������ �� ���� ���� �� (�� ��� ��� ������� ���� �� ����)�

���.5:

'���� ��� ����� �� �������'

�� �� ���� ����� �� ��� �� ��� ����� �� ���� �������� �� ���� �� ���� ����� ��� �� �� ����� �� ��������� �� �������� ���� ��� �� ������� ���� ������, ����� �� ������� ����� �� ������ ���� ��� �� ����� ��������� �� �� ����� ������ �� ������ ��, ����� ������ ������ ��������� �� ����� ������ ������ �� ���� ���� ����� �� �� ���

1.������ ����� ��� '���' �� '���'

����� (���): ����� ���� ���, ����� ��� �� ����� ��� ������������ ����� (Cosmic Dance) �� ������������ ���� ��� �� ����� ����, ������� �� ����� ��

������ �� ��� ���� ������� ��� �� �� '���' �� ���� ��� ��� �� ��� ��� ��� �� ������� �� ���, �� ������ �� ��� �� ���� ���

��� �� ��������: ��� (���) �� �� ������ ����� ���� ���� �� �� �� ���� �� ���������� ���� ��� �� ������ �� �� ���� �� �� ������� ��� (Timing) ���� ���

�� ������ ���� ���� ��?

����� �� ����� ���������� �� ���� ������� �� ������ ��: ������, �������, �����, ���� �� �������

������� (���): ��� �� ���� ����� �� ������ �� ����� �� ������ ��� (�������) ���

������ (����): ��� �� ���� ������� �� ������� ��� �� �����, ����������� ���� (������) ��, �� ��� �� ������ ��� ����� ���

�� (Rhythm): ����� �� ����� �� ���� �� �� (���) ��, ��� ��������� �� ���� ������ ��� �� �� ��� �� ����� (���������) ���� ���, �� ����� ��� �� ������� (��������) ���� ����

�� ������� �� ������� (Connecting Visual Symbolism to Duality)

1. **���� �����:** ����� �� ������ ����� ���� �� �� ����� �� ������

�� �� ����� (������ �� �������) �� �� ���� ���, �� �� �����, ��������� �� ��� ��� ���� ����

2. **������ ��� �������:** �� ������ ������ �� �� ���������� �� ���� ���� ��� �� �������� (�����/ �������) �� ������ ��� �� **��� ������� (������)** ����� ���

��������: ����� �� ����� �� ����� �� �� ���������� **����������** �� **������� ������** �� �� ����� ����� �� ����� **��� ��** **����** �� ������ (��) �� �� ����� ���� ���� ���

2.����� ����� ��� '��������' (Harmony)

����� ���������� �� �� ����� �� ������ ������ �� ������ �� ��������� �� �������� (������) �� ������ ��� ���� ����� �� �� ��� ��� ���� �� ���������� �������� �� ���� �� ���� ��, �� �� ����� �� ������ �� ���� ���

3.������ ������� ��� '����' (Vibration)

�������� ������: ���� �� ���� ���� ������ ����, �������� ������ ����� �� �� ��� �� ������ ������, ���� ���� ���� ����� �� ��� (Strings) ���� ���� ������ ����� �� �� ����� �� ������ ��� �� �� ����� ��-��� ��

�� ���� – �����, ���, �� ����� ����� ���� – ��� ���� �� ��� ��� ������� �� ���� �� ����� �� ����� �� ������ �� ����:

1. ������ **(Matter)** �� ������ ���� �� �� ���� �� ���� �� ���� ����� �� ������ ����
2. �� ������ �� ������ ��� �� ��� **(Molecules)** �� �������
3. ��� �� �� ����� ���, �� ���� ������ **(Atoms)** �����
4. ������ �� ���� ���� ����������, �������, �� ��������� �����
5. �� ���� �� �� �� ����� ���, �� ���� ������� **(Quarks)** �� ������� **(Leptons)** ���� ����� �� �����

������������ �� ��� �� �������� ���������� ���� ��� ��� ���� �����, ������ ������ �� ���� ���� �� ��� �� ���� �������� ������ ���� �������� ����� �� �������� �� ������: ������ ���, ��� �� �� **(Particle)** ���� ��� �� ��� ����� �� (�������, ����������) ������ �������, ����� �� ���� ���� ���� ����� �� ��� **(Strings)** ���� ��� ������� ����� �� ��� �� ���� �� ���-��� ���� (Note) ������� ���� ���, ��� ������ �� �� ����������� ��� **(Cosmic Strings)** ���-��� ���������� �� ���� ���� ���, �� �� ���� ���-��� '��'

(���� �����������, ��������) �� ��� ��� ������ ���� ����

�� ���������� ��� �� �� �� ������� ���� ��� ������ �� ��������� ����

1. �������� (��������/������): �� ���� ���� ��� �� ���� **(Strings/Wave)** �� �������� ������� �� ������, ������ �� ��� ���� �� �������� ���—�� ������ �� ����� ���� �� �� ��� ���� ���� ���

2. ������� (������/����): �� ������ �� ���� ���� ���� ����, �� ������ '�������' ��� �� �� ��� ����� ���� ���, �� ����, �������������, �� ����� ���� ��� �� ������� ���—�����, ����� ����, �� ������ ������� �� ��� ��� ������'��� ����'�

�� �������� �� ��������� ������:

�� ������ �� �� ��� �� ���������, �������, �� ������ ���� **������� (����)** �� **�������� (���)** �� ��� �� ��� ������ **(Lay)** �� ������� ����� ��� �� ���� ������� ��� ����� ��, �� ������� ��� ������� (Harmony) ����� ��� �� ������� �������� ��, �� ������� ���� ������ �� �������� (Chaos) ������ ���

���������� �� ��: ��� �������� ���, ���������� �� ����� ��������� �� ������ ������������ �� ��� �� ��� �� �� ������ (Rhythm and Synchronization) �� ��� ��� ���� ����� ��� ����� �� ���, �����-������ �� ����� (Circadian Rhythm) - �� ��� �� ������� ���� ���� �� ��� ������� ���

4.������ ������ (������ ������) – (The Golden Ratio)

������ **(Ratio):** ���� �� ���� �� ������ **�����:** ������� ���� ����� ������� �� ������� �� ���� ���� ��; �� ������ �� ������� �� ������ �� ���� ������� ����� ��� ��� ������ �� ����� �� ��� ���� (Properties) �� ��������� ���� ��� �� ������ ���� �� ������� ������� �� �� ������ ����� ��, ���� ����� ����� ������ **(Divine Proportion)** �� ��� ���� ��� �� ������ �������, ���, ��������� �� ���� �� �� ���� ���� ��� �� ���� ���� ��, ����� ���� �� ���� ������ ���� ���� ���

������ ������ ���� ��?: ������ ������ �� ������ �������� �� ���� ����� ����� ���� (Phi) �� ������� ���� ��� ���� ��� ���� **1.618** ���� �� (���� ���� ��� ��,1.6180339887...)� ������ ������ �� ������ ������� �� �� ��: �� ��������� (���� �� ���� ��� �� �����) �������� ������ ��� �� ���� ��� �� �� ����� �� ������ ���� ��� �� ����� �� ���� ������ �� ��� ������ �� ���� ���� ���

��������� ������� �� �����: ������ ������ ��������� ������ **(Fibonacci Sequence)** �� ����� �� ����� ��� ��� �� �� ������ �������� �� �� 0, 1, 1, 2, 3, 5, 8, 13, 21, 34, 55, ... �� ��� ��� ���� ����

��, ���� ��������� ������� ������ �� �������� �� ��� ���� ��� �� �� �� ������� ��� ���� �� ������� �� ���� ��� ���� ���� ������ �� ��� ���� ���, �� ������ ����-���� ������ ������ **(1.618)** �� ���� ��� ���� ���

������� �� �� ��� ��� ������ ������: ��� ���� ���� �� �� ������ ������ �� ��������� ��� ���� ���� �� ������� ���� ��� ���� ���� ������� �� ������������ ����� ��� �� ������ ���������� ������ �� ���� ������� ������ ��� �� ����� �� ���� ���� ��:

1.������� ���

��� �� ����: ��������� �� ����� �� ������ ��������� (Spiral arrangement)� ���� ��� (��������� ����) �� ����� (Scale) �� ���������� ������� �� ������� �� ������� ������ �� ����������� �� ������ ����� ���������� �������� ���� ��� (���� ���� ��� 3, ����� ��� 5, ����� ��� 34)�

���-����: �������� ��� (Nautilus Shell) �� ������ ���� ����� ������ ������� �� ������ ���� ��� (������ ������� �� ������ �� �� ������ ��������� ��� ������ ���� ��)�

������� �� ����������� (Galaxies) �� ���-��� ������� ������� ������� ��� �� ������� �������� �� ���� ���� ����

���� ����: ���� �� ������� ������� �� ������ (����, ���� ��

����� �� ���� �� ��� �� ���� �� ���� �� �������) ���� 1.618 �� ���� ���� ��� ��� �� �������� �� ������ �� ����� �� ������: ����� �� ������ (�����, ��� �� ���� �� ������) �� �� ������� �� ��� ������ ������ �� ���� ���� ��� �� ���� ���� �� �� �� ������ ��������� ��� �� ����������� ������ �� "����� �� ������������" ��, �� �� ��� ������� �� ��������� ���� ��� �� ������� �� ��������� ��� ������ �� �� ����� ��������� ��, ���� $\mathbf{\Phi}$ (��) �� ������ ������ (1.618) ��� ���� ��� �� ������ ����� ���� �� �� ������ �� ������� ��������� ����, ����� ���� ���� �� ��� ���

�������	������ �� �����	����� (���� ��� ���)
���� ����	���� ����� �� ������ ���� �� ��� �� ����� �� ���� 1.618 ���� ��� DNA �� ���������, ��� �� �����—�� ��� ������ �� ���� ���� ����	����-�����: �� ����� ���� �� �� ���� ���� �� ��� ���� �� ������ �� ��� �� ���������� ���� �� ����� �� ���������� � ������ ����
�������	���������� � �� ���, ������� ������� (Seashells), �� ����� (Hurricanes) �� ������ (Spirals) ��� ������ �� ����� ��� (Fibonacci Sequence)�	���� �� ���������: ������ ���� ������� ���� ��; �� �������� ������ �� ��������� �� ������ ���

�������	������ �� �����	����� (���� ��� ���)
��������� �	��������� �� �� ����� ����� �� ��������� ��� �� ������ ���� ��� ���	��������� ��� ������: �� ����� ���� �� �� ������� ������ �� �� ���� �� ���� ��� ���

������ �� ��������� �������� ����� �� ������������ �� �������� ��������� ���� �� ������� �� �� ��� ���

������ �� ��������: ��-����� (Asura) �� ����

�� ���� ����� ��� ������ �� ������� �� ������ ����� ���� ��, �� �� ����� ���� ������� �� ���� �� �� ��-����� (����) ��� ��������� �� ���� ���

������ (��������): �� (H2O) ���� ��� ��� ������ ������� ��������� ��������� (**H�O�**) �� ���, �� �� ������� �� ���� ���

������ (�������): ���� ��� ����� �� ��� �� ������ �������, �� ���� �� ���������� �� ������ ��������

������ ��-������ ��, �������� �� ������ �� ������� ���

��������� ������� (��� �� ���� ���� ��� ���) �� ������ ������ (������������ �������) �� ������, �� �� ���������� ��������� ��� �� ����� �������-�������� �� �� �� ������ �� ��� ������ ���:

5.����-�� �������� (Wave-Particle Duality): ������ �� �������� �� ����� ����������

�������� ������� �� �� ��������� �� ��� �� ���� ���� ���������� ������� �� �� ��������� �� ���������, ����������� ��������� �� ��� ��—���� �� ��� (������� �� ��������)�

�� ���������� ����� ����� ��?

�������� �� ���� �� ������� (Light) �� ����������� ���� ��� ������ ���� ��� ���������� ��� **�� (Particle)** �� ��� �������� ����� ��� (���� ���� �� �������� ����� �� ���������� ���� ��), �� ���� ���������� ��� **���� (Wave)** �� ��� �������� ���� ��� (���� �� ���, �������� �� ������ ���� ���)�

�� �������� �� �������� (��������� Tattva & Gati)

�� �������� �������� �� �� ���������� �� ���� ���� ���� ��� �� �� ������ ��������� ������ ������ ���� ���:

1. **�� (Particle) = ������ (����/�����):** �� �� �����, ����������� ���� �� ������ �� �� '�����' ��—����� ������ �� �� ��� ���� �� �� �� ����� �� ��������� ���� ���
2. **���� (Wave) = ������� (���/��������):** �� ������������, ���� ���� ��� ����� �� ������� ��� �������� �� �� ���� ��� �� ������ ���� �� ��� �� ��������� �� ������ ���� ����

��������: ����-�� ������� �� ����� ���� �� �� ������ �� ������� ��� �������� ������ ����, ����� �� ��������� �� ������� �� �� ��������� ��������� ���� ���� �� ��-����� �� ���� ����� ���� �� ����, �� ���� ��-��������� �� ��������� �� '��' ���

6.���������� (Fractals): ������ �� ���� ���� �� �����������

��������� ��� ������ ������ ���� ��� �� ���� �� �������� ����� ��� ��� ���� ���� ������ ����� ���� ����� ��� �� (������) �� ����������� ����� �� ����� ���� ���

�� �������� ���� ���� ��?

��������� ��� ���������� ������ ��� �� ��������� ������ **(Scale)** �� ������ ���� ���� ����:

�� �� ������� �� ���� (Zoom) ���� ���, �� ���� ����-�� ������� �� �������� ���� ������� ���� �� ������ ���� ���

���� ������� ���: ���� �� �������, ������ �� �������, ���� �������� �� ������, �� �������� ����������

�� �������� �� �������

��������� �� ��� �� ������� ������ ��� �� ���������� ���� ��������� ���� (Random Event) �� ������� ���� ��, ����� �� ������� ���� **(Consistent Rule)** �� ���� ���� ��:

1. **������ �� ����:** ��������� ������ �� �������� �� ��� ������� ����� (Formula) �� ���� ��� �� ����� �� **������ �� ���� ����** ��—�� ������, ������������ ���� �� �� ���� �� ��������� ���� ���
2. **�� (Rhythm) �� ������������:** ��������� ����� ���� ��� �� ���� �� ��������� �� �� �� ������, �� ��� ������ �� �� �� ���� �� �� ��� �� �� �� �������� ����� �� ������ �� ���� ���� ���

���������: ��������� ����� ��� �� ������ �� ���� (������) ���� ���� ���� �� ����, ����� ���� ���� ��� �� ���� ���� ���� ��������� ��, �� ��� ���� ������� ��� ������� ���

���� ��� �� ����

�� ��� ���������� ������ (�������� ������, ������ ������, ����-�� �������, �� ����������) �� ��������� �� ���� ��, �� ������� �� ����� ���� ��:

����� �� �������� �� �������� �� ��� ����� ����� �� ������ ��� �� ��������� ���� ��� �� '������' �� �������� ����� �� ���� �� ������ �� ������ ���� �� ������� �� �� ���� ��� ����� � �� ���� �� �� � �� ���� ��������—�� ���� �� ����� ����� **(The Pure Path of Truth)** ��, ����� ���� ���������� ���� �� ������������ ������ (��) �� ��� �� ���

7.��������� �� ���� (Entropy): ������ �� '��-���' �� ��������� ����

��������� **(Entropy)** ������ �� ���� �������� ������ ��� �� �� ��, ���� �������������� �� �������� ���� **(Second Law of Thermodynamics)** ��� ���� ��� �� �������� '�� �������' �� ���� ���������� ���������� ���� ������ ���� ���

�� �������� ���� ���� ��?

��������� �� ���� ���� �� ��: ���� �� ��� ������� (Closed System—���� ��������� �� ������ �� ����) ���, **��������� (Disorder)** �� ������� **(Chaos)** ��� �� ��� ��������� ��� �� ����� ��� ���� �� �������� (Order) �� ���� ���� �� ��� ����� (Energy) �� ������ �� �������� ���� ���

�� ���� �� ����� �� �� ����� ��� �� ��� ����� ����� ���, ����� ������� ����� ���, �� ����� ���� ����� ���� ���

�� ������� �� ������� (��������� Lay-Bhang and Lay-Shuddhi)

��������� �� ���� ���� ����� ����� �� �� ����� ������� �� ����� ���� ��:

1. **��-���** (Imbalance): ��������� �� ���������� ������ �� '��-���' ��—������ ������ �� ������ �� ����� �� �� ���� �� ������� ��� ������ �� �� ����� �� ������� �� ��������� ���� ���
2. **��-������** (Restoring Balance)**:** ��� ������, ����, �� ���������� �� ��������� ���� ��, �� ��� ������ **��������** �� ������� ��� ���� ����� ��� '��-������' ��—������ ��

��������� �� �������� ��� �� ���� ���� �� ��������

���������: ��������� �� ������ ���������� ������� �� �� **������� (��)** �� ������� ������� �� ���� ���� ���� �� ��� ��� ���� (������) �� ��������� ���� ���

7.����������� �� ��������-����� (Fine-Tuning of the Universe): ������ �� ���� ������ �� ������

�� �������� ���� ������� (Cosmophysics) �� ��������� �������� (Cosmology) �� ��� �� �� ���� **������** �� ���� **(��������)** �� �� ��� ���� ���� ���

�� ��������� ���� ���� ��?

���������� ��� �� ������ ����� �������� (Fundamental Physical Constants) ��� (���� ������������� �� �� �����, ��������-��������� �� �� �����, �� ������������ ���������—Cosmological Constant)� ������������ �� ���� �� �� ��� ����� �� ���� �� ��������� �� ��� **��** ��� �� ����� �� ��� ���� ���, ��:

- ���� ���� �� �����
- ������� (���� �� ����) ���� �� �����

- ���� �� ��������� ����� �� ������

�� ������� �� �� ��������� �� ������� �� ����������, �����-��������� ������ �� ����� ��� ���

�� ������� �� ������� (��������� Mahakal's Tattva/Ratio)

�� '�������-�����' ���� �� ����� �� ����� ���� ��:

1. ������ �� ���� ������: ��������� �� ���� ����������� (�������) ���� ���, ����� �� ������ ������ ������ ����� �� ������������ (������) ����
2. ���� ���: �� '����-��������' ����� ���� �� �� ��������� �� ��������� �������� **(Random Accident)** ���� ��, ����� �� ��� ���� (������) ������ ��������� �� ������� �� ���

��������: �� ����� �������� �� �� ����, ����-������ ���� ���, ����� ��� �� ������� ���� ���

8.���������� �� ���������: "�������� �� � ���������" (Music of the Spheres)

�� �������� �������� ������ �� �� ������� ����������� ��������� �� �� ������ '��' �� '��������' �� ��������� �� ������� ������ �� ������� ��, ������ �� ������ ����� �� �� �� �������� ��� ��� ������ ����� ���

�� ��������� ����� ����� ��?

��� �������� ��� ������ ��� ������� �������� �� ��������� ��������� �� ���� �� ������ �� ���� (Musical Notes) ���� ������� ������� (Mathematical Ratios) �� ������� ���� ����

��������� �� ��� �� ���������� �� ���� ���� �� ��������� ������� �� ������, �������� �� ����� ����� ��� �� ���� �� ����, ����� ����� **(Cosmic Harmony)** ������� ����� ���� �� ������ ����� ����� �� ������ ����� ����, ����� �� ���� ���������� �� �� ������� �� **(Mathematical Rhythm)** ��� ������� ���

�� ������� �� �������� (Connecting Ancient Philosophy to Lay)

1. **�� (�������) �� ������:** �� ��������� ����� ���� �� �� �� ���� �� ����������� ����� ���� ��, ����� �� ���������� �� �����

������ ��� ���������� ����� �� �����, ������� ����� �� ����� ���� ����� ������ ���

2. **������ �� ����:** ��������� �� �� ����� ����� �� �� ����������� ������ �� ��� �� **������** ������ ��������� **����** ������ **����** �� ���� ���� ��� �� �� �� ������ �� ��� ���� ��, ������ ������ ��� �� ���� ���� ���

��������: �� ��� ������ �� �� �� **(Rhythm)** �� ������� ������ �� �� ������ �� ���� ����� ���� ���� ��, �� ���� ��� �� ������������ �� ����� ���� ���

9.��������� ������ (The Observer Effect): ����� �� ����� '���� ���' ��

�� �������� ��������� (Quantum Mechanics) �� ���� ����������� �� �������� ��� ��� �� ���� ��� �� ����� ���� �� �� ������ �� ����� **(Consciousness/����-���)** �� ����� ���������� (�������/���) ��-����� �� ��� ���� ���� �� ����� ����� �� ���� ��������� ��������� ������ ���

�� �������� ���� ���� ��?

�������� ���-����� ������ **(Double-Slit Experiment)** ����� ���� �� ��:

�� ���������� ���� ����� ���� �� ���� ���� ���� ��, �� �� ���� **(Wave)** �� ��� ��� ������� ���� ���� (�� �������/��� ���)

�����, ���� �� ��� �������� **(Observer)** ������ **�����** �� �� ����� �� ������ ���� ��, �� ����� **����** �� �� **(Wave to Particle)** ��� ��� ���� ���� (�� ������/���� ���)

�� ������� �� ������� (Connecting Tattva Bodh to Reality)

1. **������� �� ������ ��� ��������:** �� ������ ��������� ��� �� ������ �� �� **����** ����� ��� �� ����� �� �� **���** (**�������**) �� **����** (**������**) ��� ��� ���� ���
2. **����-���** **��** **��������:** �� ��������� �� ��� �� ����� ������ �� �� �� �� �� ���������� ����� ���� ���, �� **���������** ��� �� **�������** ���� ����, ����� ���� **�����** ������ ������ ��� �� **�������** ���� ��� �� �� �� ���� ��� �� ���� '������' (����/��������) �� ��� ��� ���� �����, �� ���� ��� '����' (��/������) �� ��� ��� ����� ��� ���� �����
3. **����** **��** **�����** **���:** **����-���** (����� �� ����� �� �����) �� �� **��������** **�����** ��, �� ����������

�� ����� �� �� ��������� ���� ���

10.���-���� (Yin-Yang): ������ �� ������� �� ���������� ������

���-���� �� ��������� ������� ���� ����� �� ��������� ���� ��, ����� �� ���� �� ������� �� ����������� �� ���� ������ �� ����� �� �� �� ����� ���� �� �� ���� ����� �� �� �� ��� ���

�� ��������� ���� ���� ��?

���-���� ��������� ��� �� ���� �� ������ �������� �� ������������ ���� ���:

- **���� (Yang):** �� ������, ������, �����, ���, ��������, �� ����� �� �� ������������ ���� ���
- **��� (Yin):** �� ���������, ������, ������, �������, ���������, �� ������ ���������� �� ������������ ���� ���

���� ���������� ���: ���-���� ������ ������ �� �� ��� �� ���� ���� �� �� ����� ��, �� ���� �� ����� ��� �� �� ����� ��� ���� ���� �� �� ��� �� ����� ����� �� ����� ���� ��; �� ������ ��� ��-����� �� ���� ����

�� ������� �� ������� (Connecting Universal Symbols to Lay)

�� ������� ������ ���� ������-������� �� ������ �� �� �� ��������� �� ������ ���� ��:

1. ������ = ���: ������ (����/ �������) ��� (�����������/ ������) �� ���� ��� �� �� ���� ���� ��, ��� �� ������� ���� ���
2. ������� = ����: �������� (���/ �����) ���� (���������/�������) �� ���� ��� �� �� ����� �� �� ��������� ��� �������� ���� ���
3. �� (Rhythm/������): ���-���� �� ����� ������ '��' �� ���� ���� ����� ������ ��� �� ����� ���� �� �� ������ �� ������ ������ �� ����� �������� �� ������� ������ �� ������ ���� ���

��������: ���-���� �� ��� �������, ��������� ���������� ������ �� �� ����� ���� �� �� ����� �� ������ ����� ����� �� ����� �� ��� �� ��������� �� ���� �������� �� ������ (��) �� ���� ���

11.������� **���������** (Tridosha Theory): **���� ���� ��� �� (Balance) �� ����**

������� �������� �������� �� �������� ���� ��� �� ����� ���� �� �� �� (������) ���� ��������� ��� �� ����, ����� �������� ������� �� ������ ���� ��� �� ���� ����� �� ������ ���� ���

�� ��������� ���� ���� ��?

��������� �� ������, ���� ���� ��� ����� �����—��� **(Vata)**, ����� **(Pitta)**, �� �� **(Kapha)**—�� ������ �� ��� ���

��� (���/��������): �� ��� (Movement), ����, �� �������� ����� (Nervous System) �� ������������ ���� ��� (������� �� ��� ��� �� ����)�

����� (�����/��������): �� ������ (Metabolism), �����, �� ����� �������� �� ������������ ���� ��� (������� �� ����� ��� �� ����)�

�� (�������/������): �� ������, ������, �� ������� �� ������������ ���� ��� (������ �� ���� ��� �� ����)�

�� ������� �� ������� (Connecting Tattva & Lay in Body)

1. **������� ������ �� '��':** �������� ����� �� �� �� �� ����� ���

������ ��� ���� ��� (�� ��� ������ ���), ��� �������� ������ ���� ��� ������ ��� �������� �� ������� ���

2. **���� ��� ������ �� ��������:** �� ��������� ������ �� �� �� (��������/�������) �� ���-����� (���/��������) �� ������� �� ���� �� �� ���

���������: �������� ��������� �� ��� �� ��������, ������ ������� �� �� ��-������� (������� �� ������) ���� ����������� �����, ������ ���� �� ���������� �� ����� ������ ��������� ���� ���

12.������ ���� ��� ������ �������: ��� �� (Ultimate Lay) �� ������ ������

������ ���� ��� ������� �� ������ ������� �� �������� ���� ������� ������ ��� **�������,** �������� �� �� �� ������ ������� �� ������� ��� �� ������ ������������ ��������� �� ����� ���� �� ���� ���� �� ��� �������� ������� �� �� ��� �������� ���

���� ������ �� ��������: ���������� ��, ��� �� ������� �� ���� ���� �� ������� ���� ���� ������ ��� ��� ����� ���� ���, �� ���� ��������� �� ���� ���������� �� ������ �� ������ �� ���� ���� �� �� ���� ������ �� �� �����

���� (�����) ���� �� ����� ����������� ���

�� ������� �� ������ �� ���� ��� ���� ��, �� �� ������ �� ������ ���: �� �� ���������� �� ������ ���� (�� �� ����), �� ������ �� ���� ���� �� ��� ����� �������� (����-���������)�

����� ���� (Cosmic Truth) – ����� �� ��� �� ���� �� ������ �� ����

�� ��������� ��������� �� ������ �� ���� �� ������ ���� �� ������ ��: ����� (���) ���� ���� (����) �� ���� ���� ��, ��� ��������� ��� ���� �� �� �� ������ �� ��� ���� ���

1.������ – ����� �� ��� �� ���� ���� (������)

'���' �� ����: �� ������� �� ��� ���� �� (�����), �� �� ��� � ��� �� �� ���� ��, ���� �� ��� ��� ��� ��� �� �� ����, ������������ ���� �� �� ��� (�������) �� ������ �� �� ��������� ���� ���

������ �� ����: ������ �� ������ (����/�����) �� ������ ��—�� ����, ������� ���� �� ��� �� ���� ��� �� ����� ���� ��� �� �� ���� �� ��� �� ���� ��������� ���� ���

2.����� ����, ������ �� �������� – ��, ������� �� �� ������

����� ���� (������������ ����): �� ���� ���� ������ ������������ ���� (Tattva) �� ������������� ���� ��, ������� ������� �� �� ������� (��) ���� �� �� ���������� ������� ��� ����� ���

����� ������� (���������/����): ������ ������� �� ���� �������� (Order) �� ������������� ���� ���� �� **������ �� �� ������** �� ������� ��� �� ������� �� ���� ���� ���� �� ����� ���� ���� **������� ��� (��� ������)** �� **���** �� ���

���� ������� (�������/��������)**:** ������� **�������� �����**, ������� �� **�����** �� ������������� ���� ���� ������� �� ��� ������ ������ ���� �� �� **�������** �� **�����** �� ����� �������� **������ (����/���������)** �� ���� ���� �� ��� ������ ���� ���

���� �����: ����-��� �� ������ �� �������

�������� �� ������: �� ������ ��� �� **(��� ������)** �� ������ ��� ���� ���, �� ���� **����** �� **��� (����)** ������� ���� ��, ��� �� **������� (���������)** ����� ���� ���� �� ����� ����� ������ �� �� ������ ���

��� ����: �� ������ ���� �� �� ��� �� �� ������� �� �� ������ �� ��� �� ���� ��� �� ����-����� �� ������� �� ������� �� ���� ��, �� ���� �� ���������� (�������) �� ���� ����� ��� �� ���� ��, �������� ���� ���� ���� �� ������ �� ����� ����� ���

���������: �� ������ ������������ �� �� �������� ��—�� ������� ���� ���� �����, ���� ���� �� ��������� ��� ��� ��������� �� ����� ���� ��, �� ��� ������� �� �� ������ �� ���� ���� ���

������ ������� (Motivational Truth) – ����-��� �� �� ������

�� ��� ���� �� ���������� ��������� �� ����-�������� �� ��� ����������� ��, ���� �� �� ��� �� �������� �� ����� ������

1. ����� ����– ������ �� ������ ������
(����, ��������������� �� �����)

������ �� ���� ���� ���� ������ �� ���� �� ���� ���� ������� ��:

����� �� �� ����: �������� ������ �� ����� ���� ���� ������ (��������/ ������ ���������) �� ����� ���

���� �� �� ���: �� ���� �� ����� ���� ��������������� (����� �� ����� ��� �� ������ ���) �� ����

���������� (���, �����, ���, ���, ������) �� ������� ���� �� �� ����� �� �� ��� (���) ��������� ���—����� �� ��� ����� ������ �� ������ �� �� �� ����� ���

2.������ �� ������� – ����-��� �� ����� �������

�� ����� ���� ������ �� �� ���� ���� ����� �� ����

������ (����-�����): ������ �� ����-����� ��, �� ��� ���� �� ���� ��� ����� ���� ���� ����� ��—���� ����-��� �� �������� ���� ��� �����

��� ������: �� ���� (������) �� ������ ������� �� �������������� �� ��� ���� ��(���������� �� ���� ��) �� ���� ����, ����� ������ ���, ���������� �� ���� ������ ��� ��� �� ���� ���

������� �� ������ � ����: ������� ����� ������� �� ������ ���� �� ���� ��� ���-��������� �� ����-����� �� ����� ��� �� ���� ���� ������ �� ���� ����� ���� ������� �� �� ������ ���� �����

������������ ����� (���� �� ���):

��-������ �� ���� ��: ��������� �� ��������� ���� �� ����� �� ���� ����� ���� ������ ���� (������/ ������) �� ���� ������ ��� �� ��� �������� �� �������� �� ��� ����� ��

����� �� ���� �� ���� ���� ����-��� �� �������� ���� ��, �� ������ ��������������� �� ��� �� ��������� ���� ��� ���� ������ �� ���� ���� �� ���� �� �� ������� (��������) ������ ����� ����� �� ����� ��, �� �� �� �������� �� ������� ���� ����, ������ ����-��� �� �� ������� �� �������� ����� ���

13.��� ���� ������� ��� �� ��� ����:

��� �� ���� �� ��� �������

�� ����� ������������ ����� (��������) �� ������ (�������) �� ��� ������� (��) �� ��������� ��������� �� �������� ��� �� �� �������� �� �� ����� �� �� ������ �� �������� �� ���� �� ���� ������� ����� ���

1.����������: ����� �� ���� �����

�������� ��� �� �������, �� ��������� �� ������� �� ��������� ���, �� �������� �� ����� �������� ������ �� ������� �� �������� ������ ������� �� ��������� �� ������ ������ ���� ������ (���) ����� ������� �� �� �� ��������� ����� ����� ��� �� ������ �� ��� ��, ����� �� ������ ������ ������ (���������) �� �� ����� ����� �����

�� ��� ���� ���� ���, �� ����� ��� (������) ���� ����� ��� �� ������� **(Inert)** ���� �� ��� ��� ��� ���� �� ������� �� ��� ��� �� ���� �� ����, �� **������ ��� ���**, ���� ��� ���� ���� �� �� ���� ����� ���� �� ����

���� �����: ��� �� ���� �� ���� �� ����� �� ���� ���� �� ��� ����� ���� �� �� ���� ����� �� �� **���� ����** (����) ��—�� ���� ������� �� ����� ����, ����� **�����** (���) �� ����� (����) �� ��������� ������ �� ���� ���

����� ���� (Cosmic Truth) – ����� �� ���� (Gati and Tattva)

�� ��� ��������� �� ������ �� ����� ���� �� ������ ��: **����� (���)** �� **����� ���� (����)** �� **������ ���� ������**

1.���������� ����� – ����� ������� (��������� ���)

������� (������ ����): �� ������� , **��������� �� ��������� ����� (Gati)** ���� ������ ���� ��� **����, ���,** **�����** ���� ���� �� ��� ���� ���, ����� ����� ��� �� **����� �����** �� ���� ����

������� �� ����: �� ������ ��� ����� �� ����� �� ���� ��, �� �� ���� ����� (���) **������� ��� ����** ����� �� ����������� ����, **�����** ����� ����, **������** **(��������)** �� ��

������� ���� ���� ��� �� ��-��� (Imbalance) �� ����� ������� ���

2.�������� �� ���� – ��� �� ���� (���� ����)

��� (������/����� ����): ����� ��� ���� �����, �������������, ����� ����� �� ���� ���� (Logic) �� ������������� ���� ����� ��� ��� ���� ����

���������� �� ����: �� �������� �� ��� ����������� ���� ��, �� ��� ���� ����� ��� ������� (Inert) ���� ��� ���� ���� �� ��� ��������� �������� ���� ��, ����� ����� �� ���� (Logic) �� ���� ���� �� ����� ������ ���

�� �� �������: ���� �� ������� �� ��� ��� (����) �� ���� �� ����� ��, �� ������ ��� ���� ���� �� ���� ����� ���� �� �� ����� �� ���� ���� (����) �� ��� ��� ��� ��� �� ���� �� ���� �� ������� �� ���� ���

��������: �� ������� ����������� ����� ���� �� �� ��� (�������) �� ����� ���� (������/����) �� ������ ���� ������ ���������� ����� ����� ���� ��, �������� ����� ������ ���� ���

��� 2: ������ ������� (Motivational Truth) – ����-��� �� ������� ����

�� ��� �� �� ��� �� ������� �� �����, ������� �� ������� ������ �� ���� ��� ������ ����� ���� ���

1. ������ ���� �� ������� �� ����������

������ ����: �� ���� �� �� ������ ��� ���, �� ���� �� ����-�������� (����-���) �� ������ �� ���� ��, �� ���� �� �� ���������� ������ (������ ����) �� ��������� ����� �� ��� ��� ����� �� ��� ���� ������� �� ������� ��� ������� ����� ������ �� �� ������� �� ��������� ���� �� ��� ������ �� ������� ������� ������ ���� ������ ��, ���� ���� ����� ��� ���� �� ������� �� �������� �� ����

������ �� ��� �� ���������: ���������� ��, �� ���� ����� ����-���� �� ���, �� �� ���� ��� �� ��������� �� ���� �� ��, ������ ���� �� ��� ���� ������ �� ������� �� ����, ������ ������ �� ������

2. �� ������� �� ������� ��������� – ������� �������

�� ��� ������ ��� �� ���� ���� ������ ���� �� ��������� ���� ��� �� �������� ������� �� �� �� ������ �� ���� �� ������� ������� ���� �� ������ ��� �����, ������ ����� �� ���� ��� ������ ���

������� ��� (����): ������ ���� �� ����� ������ ���� ��, ������ �������� ���� (������ �� ������) �� ���� �� ����, ������ �� ����-�������� (������) ���

������ ���� (�����): ��� ���� �� ����� ���� ���� ���, ����� ���� ������, ����� ����� (�����, ��������������) ����

��� ������� �� ���:

�� ������� �� ���� ����� �������� �� ��������� ���� �� ����� ���� ����� �� ���� ������ ����� (����) �� ���� ���� �� ��� ���� ����� ���� �� ���� �� ��� ���� ����� �� ���� ���� ���� �� ���� (���) �� ���� ����� ��� ������� ���� ���� ���� ��� �� ���� ����� (�����/���) ���� �� ���� (����) �� ��� ���� ��, �� �� ������ ���� �� ���� ���

3. ������� ����� �� ����� ������

������ ����: ���� ������ ��� �� ����� �� �� ������ �� ����� �����, ����� ���� �� ������ �� ���� ���� ��� ������ ���� �� �����, ���� ������ �� ���� �������� �� ������ �� ����

����: �� �� ������ �� ���� ����� ���� ����, ����� ������ ���� (����-���) ���� ������ �� �������� ������� ���� ���� �� ��� �� ����� �� ����, �� ���� ������ ���� ����� �������� �� �����, �� ���� ��� ������ �� �� �������� �� ������

�� ������� �� ����� �����–

����� ���� �� ������ ���������

�� ������ �� ����� ������ �� �� ��� ������� ��:

�. ����� ����: ����� ���� (����) �� ����������

�� ��� ������ �� ������ �� ���� ����� ��—���� �� ��� ����� �� ���� �� ���� ��� ����� �� �����

1. ������� (������ ����) – ����� �����:

������ ���� ������ �� �������� ����� **(Gati)** ��� ����� ����, ���, ����� ���� ��� ���������� ��� �� �������� ���� ���, ����� ��� ���� �� ��� ������ �� �������� ���� ���

�� �� ����� ��� ��� �� �� ������� ��� � ��, �� �� ����� ����� ���� ������ �� ������� �� ���� ���

1. ��� (������) – ���� ���� (����� ����):

��� �������, ���� ����� �� ��� ���� �� ������������ ����� ���� �� ����� ���� ���—�� ���� ���

��� �� ����� ��� ����� ����� ���� �� �� ����� (���) ���� ����� ��

������ ����� � ��, ��� ����� ����� (����) �� ���� �� ���� ��� ����� ��� ���� �����

1. ��������� (�� �� ��������): �� ����� ����� ���� �� �� ������ ���� (�����) �� ����� ���� (����) �� ���� ��� ������ �� ������ ���� �����, ���� �� �� ����� ����� ���� �������� �� ���� ���

�. ������ �������: ����-�������� �� ������� �����

�� ��� ���� ����� �� �� �� ������ �� �� �� ��� �� ���� ���� ���� ���� ��� ���� ���:

1. ������ �������� (����-���):

������ ����: ���� ������, ����� ����� (�����, �������������, �����, ���)�

������ ���: ���� ���� �� ����, ����� �� ����-��������� (�������)�

���� �� ��������: �� ������� ������ �� �� ���� �� ���� ������ ����� �� ���� ���� �� ��� ���� ����� ���� �� ��������� ���� ��� �� ���� ����� (�����) ���������� ��, �� ���� ����� �� ���� (���) �� ���� ����� ��� ������� ���� ���� ��� ����� �����

�� ���� �� �����, ������� �� ���� ���� (����) �� ��� ������

1. ������� ����� �� ������:

������ ���: ������� ��� ���, �� ����� �� ���, �� ������ �� �������� ���� �� ����� ���� �� �������� �������� �� ��� �� ���� �� ����

������ ����: �� ��� ����� ��� ���� ������ ��� �� ����� �� �� ���� ����� ������ �� ������ �� ���� ����� ���� ����, ����� ������ ���� (����-���) ���� ������

������ �� ����: �� �������� ������� (������/�����) ���� ���� �� ��� �� ����� �� ����, �� ���� ������ ���� ����� �������� �� �����, �� ���� ��� ������ �� �� ������� �� �����, ����� ������ �� ���� ���� �� ����� �� ����

�� ������� �� ��������

������� (���� �����) �� ����� ������ (���� ����) �� ��������� ��� ���� ������ ���� ������ ��� �� ����� ���� ����� (�����) �� ���� �� ���� ���, �� �� ����� �� ���� ���� �� �������� �� ������

14.������� ����:

�����, �� �������� �� ������������ �� ���������

������ ���� �� ��� (������� ���)

������� �� ������� �� ��� ��� ������ �� �����, �� ����� ���� ������� (�������) �� ���� ��, �� **����** **(Amrita)** ������� ���� �� ��� ������� �� ������ �� ����� ������ �� ���� �� ������ �����

1. **���� �� �����:**

���� (Churning Rod): ����� ����� �� ����� ����

����� (Rope): ������ **������** �� ����� ���, �������� ����� ������ �� ������

1. **���������� ���:** ���� ���� ���� �� ����� ��� **(Gati)** �� ���� ���� ���� ����� ��� '�����' �����, ����� ���� ��������� �� ���� ���� ���� �� �����
2. **���� �� ���������:** �� ������ ����� �� ���� �� ��, �� **����� ���** **(������)** �� �� ��� �� ����� �� ���� �� ���� ��� ��� ��� ����, ����� ���� ��� ���� ��� ��� (������)� �� **����** **(Tattva/Tark)** �� ��������� �� ����� �����

3. **���� �� ������:** ���� ���, ���� ���� ��� �� �������, ����� ����, ���������, ��������, ���� �������, �� ��� ��� ���� **(Amrita)** ���� ��������� ���� ������

��� �� ���������: �� ��� �� ������� �� ������������—���, ���� �� ��—�� �� ����������� **(Action-oriented)** ���� ������ ���� ��� �� ���� ������� �� ����� ����, ����� �� ���� (������) �� ��� **����-����** �� �������� ���

���� ����� �� �������: ��� �� ���� �� ���� �� ����� �� ��� ��� ����� ���, ������ ������� �� ���� �� ����� �� �� ���� ����� �� �� **����** **����** ������ �� �� **������** **����** �� ���� **���** **��** **(����)** �� �������� ���� ���� ���

��� 1:����� �� ���-���� (The Yogic Metaphor)

�� ��� ����� �� �� **���** **(�����)** �� ��������� ��� **����**, **�����** **��** **��** �� ���� ��� ��� ����� ���� ��:

������ (Symbol)	����� ��� (Exoteric Meaning)	������ ���� (Eso-teric Meaning / �� Dhyana)	�� ������� �������
����� � (Ocean)	����� ��	����� �� �� ����� �� �����	���� (�� ���� ���� ���� �� ��� ����� ��)
����� �/����� �����	���� �� ����	����� �� (����) �� ���� ����	����� �� (����� �� ���� ����)
����� (����)	����� ����� �� ����	����� ���/ �������	����-��� (��� �� ������� �� ���� �� ���� ��)

������� (Symbol)	����� ��� (Exoteric Meaning)	������ ���� (Esoteric Meaning / Dhyana)	�� ������� �� �������
����� � ���	���� �� �����	����� (�����) �� �� ����: ���� (����� �����) �� ������ (����� �����)	��� (����� �� ������ ���, ���� ���� ����� ��)
���- ����	����� �� ���� ���	�� �� ����� (���) �� ���� (����) �����	����� (������ ������ �� ������� ���)

������� (Symbol)	������ ��� (Exoteric Meaning)	������� ���� (Eso-teric Meaning / Dhyana)	�� �������� / �� ��������
����	������ � ����	������ �� �������� �� �� ������ ���� ���� (������� ��� �� ������� �������)	�� (������ �� ������� ��� ����)

��� 2: �� �������� �� ���� ������ – ������� �� ����

�� ��� ������� ���� �� �� ��-������� (������� �������) �� ���������� ��� ������� �� �������� ���� ��� ���� ���:

1.���� �� ��� (��������): ����-������� �� ����������� ������

��������: ���� �� �������, ������ �� ��� � ������ ���� ������� �� �������� (���) ���

���� ������: ������ ������ ��� �� ���� ������ ���� ��, ������ ������� ��� �� ������ ���� ��� ���� �� ����

��� (������) �� ���� (�����) ������� �� ����� (������) �� ������ �� �� ��� ��� ��� ����� ����� ���

2.����� ���: ������ ������� �� ������ �� ���

��������� ����� ��: ���� ���� ���� �� ���� ���� ����� (����� ���) ������ ��� �� ����� ���� �� �� �� �� ����� ���� ���� ���, �� �� �� �������� �� ��������� ����������� ���� ��� ���

��� �� ����: ����� ��� ���� ������ �� ������ �� �� ��� ��������� ��—�� ����� ���� ���������� (���, �����, ���, ���, ������) �� ������ �� �������� ������ ���

3.��� �� ���� (������): ���� �� ����� �� ��������

���� �� ���������: �� ������ (���� �� ��) �� ��� �� ���� ���� ���� ��, �� ����� ��� (������)—�� ���� ����, ����� �� ������������ ���� ���—��� ��� ����

������: ��� ��� �� ���� ���� ��� (������� ����) ��� ��� ���� ���� ���� ���� ��: ����-����� (����) �� �� ��� �������������� �� ���� �� ����� ���� ��� �� ������ ���� ���� ��� ���� �� � �� ���� ����� ���

�� �� �����: �� ���� (������/����) �� ���������� �� �� ������ ���� �� ������ (����) ��� ����

���� ����: ��-������ �� �������

����� ��� �� ������ �� ��� ������ ��� ���������� ���� �� ���, ���� �� ���� ���� ������ �� ���� �� ������� �� ������ ��� �� ����-����� (����) �� ��-������ �� ������������ ��������� ��� �� �������� ���� ��:

���� (Jewel)	**�������� ����� (Philosophical Significance)**
1. ����� (���)	��������� �� �����: ���� �� ���� ��� ������ ��� �� ����� �� �� ����� �� ������ �������� �� ����������� (������) �� ������� �� ���� ���
2. �������	������ ������: �� ��� �� �� ����� ���� ���� ��� ���� �� ������� �� �������� �� ������ ������ ������� ���� ���

���� (Jewel)	**��������� ����� (Philosophical Significance)**
3. ������������ (����)	**���������� ���:** ����� ����� ����� �� �� �� ��� �� ���������� ���� �� ��� ���� �� ���� ���� �� ������ ���
4. �����	**����� �� �������:** ����� �� ����� �� �����, ���������� ����� �� �������� �� ����� �� ������ ���
5. ������� ���	**����� �����:** �� �� ��� �� �� ������ ���� ���� ���� �� ����-����� (Tattva-Bodh) �� ������ �� �� �� �� �������� ���� ���

���� (Jewel)	�������� ����� (Philosophical Significance)
6. ����������	������ �� �����: �� �� ����� �� �� ��� ������� ���� ���� ��� �� ���� �� ��������� ������ �� ����� �� ������ ���
7. ���������	������� ����� �� ����: �� ��� �� ������ ���� ����- ����� ������ ����� ����, ����� ��������� ���� ���
8. ����� (���)	������ �� �����: �� ���� �� �� ���� �� ������ �� ������ ��, �� ����� �� ���� ���� ���

���� (Jewel)	��������� ����� (Philosophical Significance)
9. �������	��������� �� �������: �� ������ �� ����� ������� �� ������ ��� �� ������� ���� ��, ������� ���� �� ������ �� ���� ���
10. ������	��� �� �����: �� ����� �� ���� ��� �� �������� �� �� ���� ����� ����� �� ��� �� ����� �� ����� �� �� ����� ���
11. ���� (�������)	����������: ������� ������ �� �������-����� �� ���������� �� �������
12. ��� (���������)	����� �� ������: �� ���� �� ����� �� ���� �� ����� �� ������ ���

���� (Jewel)	��������� ����� (Philosophical Significance)
13. ����������	���������� �� ����-���������: ����� ����-�������� �� ���� �� ��������� �� ����� �� �������
14. ����	���� ������/ �����������

����� ������ – ���� �� ��� ��

�� �������� �� ���������:

���� �� ������������ (Self-Realization) ��, �� ��� �� (Ultimate Lay) �� ������� ���

������� ���� �� ��� ����:

����� ����� ������ �� ����� �� ��� ������� �� �� �� �� ��������� ����� ������ ����� �� �����, ������ ������� ������� �� ����� ��� ����� ����� �� ����� (�������) ��, ��� �� ������ (������) ��, ����� �� ������ (�������), �� �������� (���-����) �� �����, �� ��� (�������) ����� ��� ����� (���) �� ����� ����� �� ����-����� �� ��� �� ������ ������ (�����) �������� ����� ��, ��� ����� ����-������ ������ ���

15.���� �� ����: ��������� ��������

��������� ��������� (Simulation Hypothesis) ������ �������� �� ������ ��� �� ��������� ���������� ��� �� ������ ���� �� �� �� ��� ����������� (Reality) ��� �� ��� ���, �� ������� ��� ���� ������� ������� ������� ������ ��� �� ����� ��������� ���������� �� ��������� ��—��� ���� �� ���� ��������� ��� ���� ����

�� ������� ������ ������ �� ��� ��� ��������� ���� ��, �� ������ �� �������� ��� ������ ���� ������ ����� ���� ���

��������� ��������� ������ ���� ��?

��������� ��������� �� ������ ���� �� �� ��� ������ ����������� �� �� �� ������� �� ������� �� ��� ����� �� �� ���������� �� ���� ��� �� ��������� �� ��� �� ������������ ������� �� ����� ���� ��:

������ �� ��� ����: ������ ����� ������ ���� ��: ������ �� ��������� ���������� ����, ������ �� ���, ������ ����(������)���

��� �� ������� �� ��������� ����, �� ������ ��� ���������, ���������� (Bugs), �� ������� ��������� ���� ������

�������, �� ������ ��� �� ���������������, ������� �� ���, �� ������ ��������� �� ���� ������������ ����

��������: �� ������� �� ��������������� ������ ����� �� �� �� �� ���, ������ ����������� ��, � �� ���� �� ������� �� ���� ���� ���� ��� (Code)�

��������� �� ����: ��� �� ����������� ������� �� ��� (Speed of Light) �� ��� ���� �� ����� (���� �� ���� ���������� ��� ��� ��)� ��� �� ��������� ����, �� ��� ������ ���� '������ �������' �� �� ����� �� ���� ���� �� ���������� ����� ��� �� ����� �� ��� ����� ��� ������ �� ����� ��� �����

����� �� �����: �� ���������� (���������) ���� ��������������� (Reactions) �� ����� ��, �� ������ �� ������ (Self-Consciousness), ���� �� ������ ������� ���� �� ������ ������ ����-������ �� ��������� (�� �� ���� ������� �� '�����' ���) �� ������� �� �� ������ ������ ������ ��, � �� ����� ��� �� ���������

����-����� �� ���������� (��������� �� ����)

�� ����-����� ��������� ��������� �� ������ ���� ���� ������, ������ ��� ������ ������ ��:

��������� ����: ���� �� ��� �� ���� ���� ������ ������ �� �� ���� '����������' ��� ��� �� ������ ������ ��� ������ ���� ���� ������ ��

������� �� ������� ��, �� ���� �� ���������� ����� ���

����������� ����: ���� �� �������� �� �� ����, ����, �����, ����� �� ��������� �� ���� �� ���������� (Every Reality) ��� ����� ������

����� �� ���: ������ (�������� ���� ��� ��) ������ ���������� �� ������ ���� �� ����� ����� ������� ������ �� ����� ��������� ���� �� ������� ���� ���

���������: ��������� �� ������ ���� ����� ������ �� ��� �������� ���� ��� �� �������� ���� ����� ������ �� ��� ������� ����� ��� ������ ���� �� ������� ������� �� �� ������ �� �����-����� �� ������ ��.

�� ������� ������ (�������) �� ����� �� �� '���� ���������' �� ��� ����� ���

����� �� ������� ����� ����? (���� �� ����)

��� ������� ������� �� ��� �� ����� �� ������� �������� ����, ��� ����, �� ������� �� ��� ������ '���� ��� ���' �� ��� �� ���������� ���� ���

���� �� ������� ����:

����� ���� ����� �� ��������� ��� ��� ���� ���� �� ��������� ���� ��� ���� ������� ����� ����, �������

����� (��������) �� ������� ��� ���� �� ���� ���� ��, �� �������� (�������) �� ������� ���� ���� ���

������� ���������: �� ������� ���� ���, ������� ���������� �� ������ ��� ������� ������ ���� �������� ��—���� �� �� ��� ���� ��, ���� �� ������ ���� �� ��� ������� ��� ���� ���� ���� ���

���������: ������ �� ������� ���� �������� �� �� �� ��� ���� ����, ����� ���� ������� (������) �� ���� �� ��������� ���� �� ��� ������

����� �� ��������: ��-������ �� ������ �� �����

������ ������ ������� �� ��������� ��, �� ������ �������� �� ��� ���� �� ��� ������ ���� ���

����: ��� ������� ������� ��-������ (��������, ������, ��������) ���� ���� ��, �� ������� (�������� �� ���������) ����� ������� �� ������� �� ���� ����� �� ������� ���� ����, ����� ������������ ������� �� ���� �������� ���� �� �� ������� ��������� ������� �����

������ �� �����: ������� �� ��������� ������� �� ���� ��� �� ���� ���� ����� ��� ����� �� ����, ���� �������� ��� �� �� ���� ��� �� �� �� ����� ������ �� �������� �� ����

�� ������� �� ����, ����� ���������� ��� ��� �� ���� �� �� ���� ���������, �� ����� ������� ������� �� ���� �� ����� �� ������ �� ������

����������� ���' �� ����

�� �� ����� �� '���� ���' ��� �� ���������� ���� �� ��� ��� ������ ���, ���� �� '������ �� ��� �� ����' �� ���� ���:

"������� ���������, �� ������ (������) �� ������� (�����) �� ������� ������ �� ��� ��, �� ������ �� �� ��� (Rhythm and Timing) �� ������ ���� ��� �� ���� �� ��������, ����� �� ����� ��� ������ ���� �� ������ ���� ��� �� ��� �������, ���� �� ��������� ������� �� ����������� ��� �� ���� �� ���� �� (������, ���� ������ ������ �� ����� ��� ������ ���� ��), �� �� ��������� (Bēsurta), ��� �� ���� �� �� ������ ���� ���"

��������� �� ������ ���� (������ ��������)

������ �� ���� �� ��� ��� ������ ���� �� ���� �� �� ���, ������ (Cyclic) ��������� ��, �� ����� �� ������ '�����' ���� �� ����� �� ������� ���

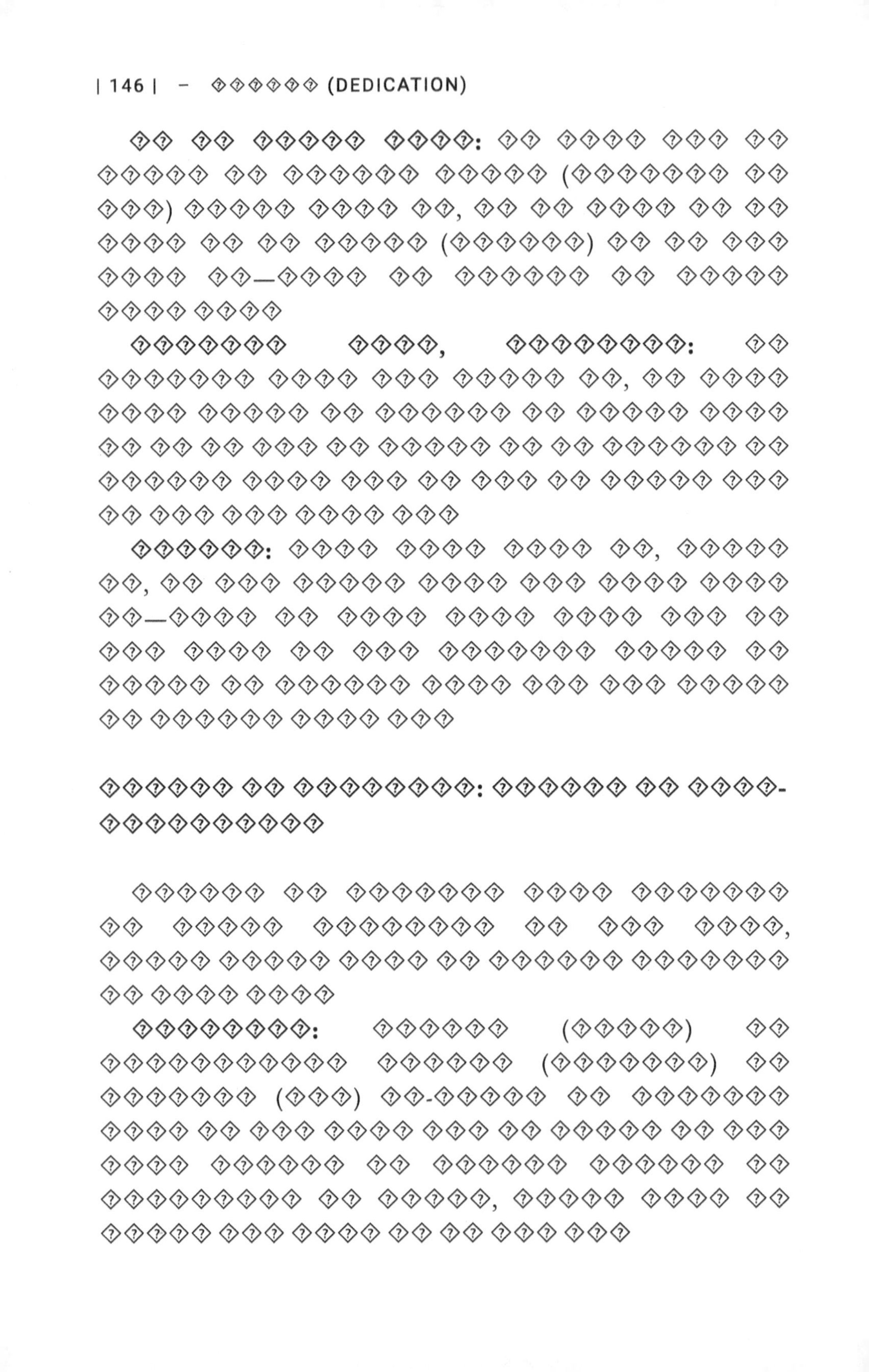

�� �� ����� ����: �� ���� ��� �� ����� �� ������ ����� (������� �� ���) ����� ���� ��, �� �� ���� �� �� ���� �� �� ����� (������) �� �� ��� ���� ��—���� �� ������ �� ����� ���� ����

������� ����, ��������: �� ������� ���� ��� ����� ��, �� ���� ���� ����� �� ������ �� ����� ���� �� �� �� ��� �� ����� �� �� ������ �� ������ ���� ��� �� ��� �� ����� ��� �� ��� ��� ���� ���

������: ���� ���� ���� ��, ����� ��, �� ��� ����� ���� ��� ���� ���� ��—���� �� ���� ���� ���� ��� �� ��� ���� �� ��� ������� ����� �� ����� �� ������ ���� ��� ��� ����� �� ������� ���� ���

������ �� ��������: ������ �� ����-����������

������ �� ������� ���� ������� �� ����� �������� �� ��� ����, ����� ����� ���� �� ������ ������� �� ���� ����

��������: ������ (�����) �� ������������ ������ (�������) �� ������� (���) ��-����� �� ������� ���� �� ��� ���� ��� �� ����� �� ��� ���� ������ �� ������ ������ �� ��������� �� �����, ����� ���� �� ����� ��� ���� �� �� ��� ���

������ �� �����: ������ �� ���� ����� ����� ���� �� ���� �� �� ������ ��� ����� ��-����� (�������) �� ����� ��� �� ���� ����� ����� �� ����� ���� ��� ��� (�����) �� ����

��������: ������ ����� ��� ��, ���� �� ��������� (Rhythm) �� ��� ����, ��� ���� ���� ��� ���� ���� �� ����� ���� ��� (����� �� ������ �� ��� �����) ������� �� �����

������ ��� ��������� �� ������ ���� (Awakening the God-Element in Man)

�� '�� ��������'/���� ��� ����� �� ���������� ��� (Practical Component) ��� ���� ��������� �� ������ ������� �� ������ �� ����� ������ �� ����� �� '�����', '����' �� '�����' ����� �� ����� ����, �� ��� ���� ��������, ������� ������ ����� �� ������ ����� ���

1.�������� �� ����: �� �� ���� �����

����� '��������' ���� ��������� ����� �� ������� ���� ���� ��� ������ �� ��������� ��:

������ (��������/����) �� ������� (���/����) �� �������� �� ������ ������� ����, ���� ����� �� ������ �� ������ �� �� �� ���� ��� �� ����� �� �� ����������� �� �������� �����

�� �� ��� �� �������� ���� ���—���� �� �� ������ ��, �� ���������� ��� ��, �� ��� ��, �� �� �� ���� �� ������ ��—�� ���� ���� �� ���� ������ (��������) �� �������� ���� (�������) �� �������� ���������� ���

2.�������� �� �������: ������ ������ �� ����� ��

������ �� ������ �� ������ ����� ���� �� �����? �������� �� ���� ������ �� �� ��� ��� ��� ���� ����� ������ ���:

������ (����� ��)	���� �� ������
������ ���������� �� ������	������ �� ������ �� ������ �� �� ���� ���������� ���� �� '����� ���� ��' �� '��� ���� ��'� ���� ������ �� ����-������ �� ���� ����� �� ������� �� ���� �� �����

������ (����� ��)	���� �� ������
������� �� ������ (Overuse of Inertia)	���� ���� ������, �������� �� ���� ��� ���� �� ���� ����� �� ��, ���������� �� ��������� �� ����� �������� ���� ���� ��, ����� ���� (�������) ��� ���� ���
�������� �� ������ (Overuse of Energy)	���� �������� ���, ������ ������� �� ���� ���� �� ����� �� ���� ����� �� ��������� (Chaos) �� ���� ������� ���� ���� ��, ����� ��� ������ ������� ���� �� �����

������ (����� ��)	���� �� ������
�������� �� ��������	������� ���� �� ����, ������� ������� �� ����� ����� �� ��, ���� �� �� �� ���� �� �� �� ������ ���� ��� �� ������ ������ ���� ���� ������� ����� �� ��� ���� ���

3.�� �� ������ ���� �� �����: ����� �� ������������

��������� �� ����� �� ��� ���� ���� ���� ��������� �� ����, ����� ���� ������ �� �� ������������� ���� �� ��������� ��� ����� ��� ��� ���:

��� 1: ����� ��� �������� (The Viram State)

��������� �� ������ ���� �� ���� ��� ��, ���� �� '�����' �� ��������

����: ��������� �� �������� ��� �� ��� ���� ��� ����� ����������� �� �������� �� ������� �� ���� ����� �� �� '������' �� �� ������ �� �������� �� ����� ����� ���

������: ���� ����� (Conscious Breathing) �� ����� ��������� ����� ����� �� �� �� ����-���� ���� ���� �� ���� ���� ��

�� ���� ��� ���� �� �����-�������� �� ��� �� �� ���� ����� ������ �� ����� ������ ������ (�����) �� ������ ���

���: ����, �� ���� ������� �� ������� �� ����-����� �� �� ���� ������ �� ��� ��� ��� ���� ���� �� ����-�������� (Self-Mastery) �� ������ ���

��� 2: ��� �� ��� ������ (Tuning with Nada)

�� ��� �� �� ���� �� ���� ��, �� ���� ���� �� ��� ������ (���) �� ����� ���� ��, �� ������� �� ����� ���

����: ������������ ���� �� ���� ���� ����� ����� �� ��� ����� ����� ����, ����� ����� �� ������� ��� ���

������: ���� ������ ���, ���� �� ���� �� ��� ������ (Vibrations) �� ����� �������� ����—���� ���� �� �����, ���� �� ������ �� ��� ��� �������� �� ������ ��� �� ��� ���� ����� �� �������

���: �� ���� ���� �� ����� �� ������ ��� �� �� ��� �� ������ ���, �� ���� �����, �� ������ �� �������� ����� �� ���� �� ��� �������� ���� ���� ����

��� 3: ������ ������� (Conscious Creation)

������ �������� �� ����� ���, �� ������� ����� �� ����� ���� ���

����: ���� (������) �� ����� (������) �� ������ ���� ����, ����

�� ������ �� ��� ��������� ����� �����

������: ��� �� ����� ���� �� ����, ���� ������ (������ �� ����) �� ���� ��� (������� �� �����) �� ������� ����� ������ �� ���:

�����: ��� ����� ��� �� (�������� �� ����� ������), �� ��� ��������� ���� (������) �� ������ ���� �� �� ����� ����� ���� ��; ������ ����� ����� ���� ���

�������: ���� �� �������� �� ������� �� ����� ���, ������ �� ����� (�������) �� ������� ���� (������) �� ����� ��� ������

������: �� �� ������ �������� (Laya Creator) �� ���� ���—�� ����� �� �� �� ����� �� (������) �� �� ��� ����� �� (�������)� �� ������ �� ���� ���� ���� �������� ����� ���

������ �� ���� �� ����� �� ����� ���� ��, �� �� ���� ����� ����� �� ���� ����, ����� ���� ���� ����� �� �� �� ������ ���� ���� ���

���: ��� ��� �� ������ ��� '����� ����' �� ��� ���� �� �� �� �� ������� ������ �� ��� ���, �� ����� ��� �� ����� �� ������ ���-��� ���

�������� �� ���������� ������ – ������ ����� (Laya Meditation)

���� �� ���� ������� ���� ��, ������ ��� ������� ����� ��������

��, �� �� ����� �� �� ������ ��������� �� ������ �� ���� ��� ����� ���� ����� �� ��� �� ���������� ����� �� ��������� ���� �� ����� ������ ������� ���� ������ �� �� ������� ����, ����� ��� ��������� (��-�����) �� ����� �� ���� ���

1. ������ �� ��������:

������ �� ������� �� ���� ������� ������ �������� ��� ������� (���, �����, ����) �� ��� ������� ������� ���

������ �� �����: �� ������� ����-����, ������������ �� ����� �� ����� ����� ���� �� ���� ��� ����� ���� ���� '��� �� �� ��, ���� ��� ���' �� �� �������� ������� �� ���-�������� ���

������ �� �����: ��� ���, ����� �� �� ������ (�����, ����, ��� ����) �� ����� ������ ���� �� �� ���� �� ����� ������ ������ ����� ���

������: ���� ���� ���� ������ �� ������ �� ������ ����, ������ �� ��� �� ��� ������ ����� ������ ��� �� ������ ���� ���� ����� (Meditation) �� ����-����� (���������) �� �� ���� ���

�� ����� ������ ����� ����� �� ������� �� ������������ ������

������� �� �� ��-������ �� ������� ���� �� ��������� �� ���� ����� ���

2. ������ ����� �� ��������� �����

��� ����� �� ��� �������� (������ �� ����) �� ����� �� ����� (������� �� �����) ������ ���

�. ��� �� �������� (The Perfect Laya Points)

���� �� ����� ��� ����� �� ��� ��� ��� �� ������ ���� ������ ��� ���������� �� �� ��� ��� ���� ���������� ���� ����� ���� ���, �� ����� �� ��� ���������� ���:

��� ����-��� (Junction Points):

���� (�������� �� 15 ���� ���� �� 15 ���� ���): ������ (�����) �� ��� (������) �� ���� �� ����

����� (���� 11:45 �� 12:15): ��� �� �� ����� �� ���� �� ����

��� (��������� �� 15 ���� ���� �� 15 ���� ���): ��� (������) �� ������ (�����) �� ���� �� ����

���������� (���� 23:45 �� 0:15): ����� �� �� ����� �� ���� �� ����

��������� ����: �� ����-����� ��� ������� �� �� ����� ���� ���� ��� �� ��� '�����' �� ����� ������� (���� �� ������ �����) �� ��� �� ����-���� ���� �� ������� �������� ���� ��, �� ������ �� ������� (�����) �� ������ �� ��������� ����� ��� �� ���

���� ��� ������� �� ���� ������� ���� ���

�. ����� �� ��� (The Stable Spot)

����������: ����� �� ��� �� �� ��� �� �� �� ������ �� ��������� ���� ������� ��� �� �������� (�������) �� ������� �� �� ���� ������ ���� �� �� ������ �� �� �� ������� ���

�������: �� ���� �� �� ��� ���, ���� ���� �� ���� ��, �� ���� ���� ������� �� ��, ���� �������� �� ������ ��� ������ �� ���� ���

�. ��� �� �������� (The Insulator Seat)

����� �� ��������: ����� �� �����, �� ������������� ���� ����� (������� �� ������) �� ���� ���� (Crown) �� ������� �� ������ ���� ����

����: ��� �� �������� �� ������� (���� ���� ���� �� ����) �� ������ ���, �� �� ������ ���� ��� ������� (�������� �������) �� �������

���������: �����, ��� �������� �� ������ (Insulator) ���� ����� (���� ��, ����, �� ���� ��� �� ��� ���)� �� ������ ��� ���� �������� ������ �� ���� ���� �� ���� ����� (Accumulate) ���� ���� ��, �� ���� ��������� �� ������� �� ��� ������� ���

�. ������� ����: ������� �� ������

�� �� ������ ��� ������ ���, �� ������ ��� ������� ���:

���� �� ��������: ���� �� ��������� ��� (�������, �������� ���) ��� ������,

�� ���� �� ����� ���� ����� ���� ���� ������ �� ������� �� ������ ��, �� ����� �� ��� ������ (��� �� ����) �� ��� ������ ���

����� ������: ����� ����� �� ����� ������ (������ �� ������ �� �����) ����� ������ �� ����� �� ������ ����� �� ���� �� ���� ����������� (Circulate) ���� ��� ��� ���� ���

��-����������: �� ���� ������ �� ������� (����-������) �� ������� ���� ��:

��� �� �� ����� �� ��� ����, ��� �� ����� ������ �� ���� ��� ������ ��� ��� (���� X �����)�

����� ����� ��� ���� ������ ��� (2X �����) �� ����� ������

������ ����� �� ��� ���� ��� (4X �����) �� ����� ������

����� ��� ��� ��, ����� ���� ������

��� ����� ��� ��������

������: ���� ��� ��� �� ���� ���� 1 �� 5 ���, �� ����-���� ������� �� ���� �� ������ 10 ��� �� ������ �����

��-��� (The God-Consciousness):

��������� �� ���, ����� ��� ����� ������ ��� �����

���� ������ �� ����� �������� ����, ��� ����-���� ���� ��� ������

������ ���: �� �� �� ����� ���� ���� �� '��' �� ���� ��� �� '���' �� ������ ������

'������' (�� ��� ���) �� ���� ��: "�� ��� ��, �� ���������, �� �� ������ �� ��� ��� ��—�� ���� ���� ���" �� ������ �� �������� �� ����� �� ��� ���

��� ��� ���, ����� �� ���� ��� �� ���� ����� �� ����-���� ���� ������

�� ������ ���, �� ����� ���� �� �� ��� �������� ���� ��� ����� ������ ��� ��� �� �� '�� ��������' ���� ��� ���, �� ����� �� ���� ����� ��� ������ �����

����� �� ��� ����: ����� �� ���������� ����

���� ��� ��� ��� ����� �� ���� ��: �� ����� (Duality) �� ����� �� ������, �� ������ (Unity) �� ����� ���� �� �� ����� �� ������ �� ������� �� �������� ������� �� ��� �� ��� ����

�� ��������� ����� ���� ��, �� ���� ����� �� '���� ������������/ ����������' �� ��� ��� ����� ���� ��� �� ���� ���, ���� ���� ����-����� �� ����� �����—���� ����������� �� ����� �� ������ �� ����� �� ��� ����

�� ���������� ���� ���� ���� �� ���������� ������ (����� �������)

�� ���� ����, ������ �� ������� ��� ������ ���� �� ����� ����� �� ������ ���� �� ������� ���� ��� ��� ���� ��� �� ����� ������ ��� ���� �������, ���� ���� ������� ������ ���� �������

����� �� ���������� �� ����� ������

����, �� �� ������ �� ��� ������ �� ���� ��! �������� ����� ����� �� �������� ����� ��: ���� ��� ������ �������� �� ������ ��� �� �� ����� ��� ���� ����� ��, �� ���� ���� �� �� ����� �� ����� �� �� ����� �� ������� ���� ����� ��?

����� ������� �� ���� ��� ��� �� ��� �� ��� ��! ���� ����� �� �������� ���, ����-����� ���, �� �� ������, ������� ���� �� ������� ���� �� ��� ������ �� ��� ����� ���������� ����� ���-��� ��� ��!

������ ���� �� ���� ��� �����!

4. ������ ����� �� ����� ���� �� ��������� �� �������

����� ��� ����� �� ���� �� ���� �����, ����� ������� �� �� �� ���� �� ������ �� �� ������ ������ ��� ���� ��������, ������ �� �� ����� ���� �� �������� ���� ���� ��������

(����������) �� ����������� ������� ���� ������� ������� ���

�. ������� �� ������ �� �� (External Harmony)

���� � ������ �� �������: ����� �� ��� ������� ���� �� ���-�����, ��������� �� ���� ��� ������� ����� ��������� ��� ���� � ��������� �� �������� �� �� �������� �� �������� �� �� ���������� ������� ���� �� �������� (������) ������ ���� ���, �� ����� �� ��� ������� ���

���� �� ������� �������: ���� ��-��� ���-�����, ���� �� ��� ���� �� �� ����� ������� (���� ��������� ���) ������� ���� ����� ����� ��������� (�����, ���) ��� ����� �� ��������� �� ����� ������, �� �� �������� ����� (������� �� ������) �� �����, ����� �������� ��� ������

�. �� �� ������� ��������� �� ������� (The Science of Laya Powers)

�� ���� ���� ������ �� (������ �� ������� �� ������) �� ��� ���� ��, �� ��� ����� �� �� �������� (���������) ��� �� ������ ������ ���� ���� ���� �� �������� ��� ����� ������� ���� ���, ����� ����������� �� �� ��� ���� �������� �� ������ �� ������ ����

����� ������ ���:

������� �� �����: �������� �� �� �� ����� ������� �� �� (����) �� ���� ������ ������

���� ������ ��� ���������: ����� ��� ��� ������ ������ � ���� �� ���� ���� ������ ������

��� �� ����� ����� �� ���: �����, ����� �� ������� �� ���� ������ (������ �� ���) �� ����� �� ������ ��� �� ����� �� ��������� ���� ����� ������� ���� ���� �� ������ ��� �� ���� ����

��� �� ������ ��� �� ���� �� ��� ����� �� ����� ����� ���� ���� ��� ����� ���� ���� �� �� ����� ���� �� �� ���� ������ �� ����� �� ����� ���� �� ���� ��� ����� �� ���� ���� ��� �� ��� ���� �� ��

�. ����� �� ������� (Conservation of Power) – ������ �� ��� ����:

��������� �� �������� ����� ������ ��, ���� ������� �� �������� �� ����� ���� ���

�������: ������� �� �� ����� �� ����� ����� ��, ���� �������� �� ���� ���� �� ������ �� ��� �� ���� ���

����� �� ����� ����: ������� ��������� �� ���� ��� �� ��� �� ������ �� ������ �� ��� ���� ���� ��

������ �� ����� �� ������ �� ����� ���� ����� ����� ����� �� �� ���� ���

��������� ����� ����� ����: ��� �� ��������� �� ���� ������ (������� �� �� ��� �����) �������� ���� ����� ���, �� ��������� ����� �� ���� ����� ������ ��� �� �����

������: ��� �� �� ��������� �� �������� ��� �� ���� ���� ���, �� ���� ������ �������� ����� ���� ������ �� �� ���� ������ ������� ���� �� ��� �������� �� �������� �� ������ ����� ���� �� ������ �� ������� �� ���� ��, �� ���� ������ ��-��� �� �� �� ������

5.������ �� �� ���������: ����� ����, ������ �� �����

�� �� �������� ������ ���� ������ �� �� ����� ���� ���� ���, �� ���� ����� ����� �� ���� �� ����� ������ �� ����� ���� ���� �� ���� ��� �� ������ �� ��������� �� ����� �� ����� ������ ��������� �� ��� ��� ����� ���� ���

���� �� �� ����� ����� �� �� ����� �� ������� ���� ������ �� ��� ����, ����� ���� ����� �� ����� ����� �� ��� ��� ����

������� �� ������	�� ������ ������� ��	���� �� ������� � (������ �� ����)
����� �����, ����	����� ������� (������� �� ���-���) �� ����� ����	����� ����, ������ � ���� ������ �� �� ���� �� ������ ���� �� ���� ����� ���� ����� ���� �� �������
�����, ���� �� �����	���� �� ��� ��� ����� �� ������ (����� ������) �� ��������	����� ����� ����� �� ����� �� ���� ������ �� ����, ��� ����� ������ ���� ������

������� �� ������	�� ������� ��	���� �� �������������� � (������ �� ����)
����� ��� ���� ���� ������	�� ���� ��� �� ������ �� ����� ���� ��� �� ����� ��� ���� ������ �� ��� ���� ������ �� ������ ���� ���	������ �� �������� ����� ���� ������� ������ ��� ���� �� ��� ���� �� ����� ��� ������� �� ���� �����

�������� �� ��� ����:

���� ������ �� ������� �� ����� ���� ��, ������� ����� �� ������ '������' �� �� ��� ����� ���� ������ ������ ���� ����, ������ ������ ���� �� ����-���� ���� ������� (Accustomed) �� ���� ��� �� ��������� �� ���� �� ��� ���� ������� ������� ���� �� ���� �� ����� �� ���� �� �� ���� �����

������ �� ���� �������� (������ �� ����) �� ���� ���� ���� ����� ��� �� ��������� ��� ��� �� ���� ������, �� ��� �� ���� ���� ���, �� �� ������

���������� ������ ���� ������ �� ���� ��-��������� ������ ��� �� ����� ���� ������

���.6:

���� �������� �� ������� ����

���� �������� ��� �������� ����, ����� ������ �� ��� ����� �� ������ �� �� ��������� ���� ��� �� �� ������ �� ����� ������ ����-����� ���� ���� �� ������ �� ������� �� ������ �� ����� ���

�� ���� ��� ����� (�������) ��� ����� ���� ��:

��� 1: �� ��� �� ����� �����

�� ��� (Posture): ���� �� �������� ������ ��� ����� ���� ���� ���� �� ����� ���� �� ����� �� (������� ������ �� ��� ��)� ����� ��� �����

����� ����� (Breath): ���� ����� �� ���� ��������� ��� ���� ������ ����� �� ����� �� �������� �� ��� ��� ���� ���-������� ����� (�����) �� ����� ����� �� ����� �� ��� ���� �� ������ ����� ���

��������: �� �� ���� �� ������ �� ������ �������� ���� �� ������ (��) ��� �����

��� 2: ���� ��� (Element Realization)

������ �����: ���� ����� �� ����� ���� �� ����� ������ ����� ������ �� �����

������� �� ���: ���� ���� ���� ���� ����� (���� �� ������, ������� �� ���) �� ����� ����—�� ������� (���) ���

������ �� ���: ���� ���� �� �������, ������������� �� ������ �� ��� ������ �� ����� ����—�� ������ (�������) ���

�� �� �����: �� ��� �� �������� �� ������ �� ������ ��� ����� ����� �� (Your Personal Laya) ��� �� ��� ����� �� "��� ���� �� �� ��������� �� ������� ���" �� ���� ��� ���

��� 3: ������ ������

����� �� �� �����: ���� ���� ��� �� ���� ������, ����� ������ �� ����� ���� ���� ���� ��� ������ �� ������, ���� ����� �� ��� �� ����, �� ������ ������ ���� ��� ������ �� ����� �����

������ ���������: �� ������� ���� �� �� �� ����� ������-��������� �� �� ���-����� ����-��� ���, �� ��� ���� �� ������ �� ���� ���

���������: ���������� ������ �� ������������ ����� ��� �������� �����

��� 4: ���� ������ �� �� �� ������ (Karma Flow & Laya Resolution)

������� ���� �� ���: ���� ����� ����� �� ���� 60 ���� ��� ��� ���� ���� ���� ������� �� ������� ���� (���� ������ �����, ���� ����, �� ���� ���� ����) �� ������

�� �� ����: ���� ���� ����� (�������) �� �� ���� ��� ���� (������ �� ����) ��� ��� ���� ����� ���� �� �� ���� �� ���� �� ���� ������� (������) ����� ���� �����

������: ��� ���� ���� ��� ��� ������ �� ������� ��, �� ��� ���������� ��� �� ����, ����� ������ �� ���� �� ����� �� ������ ���� ������� ����� �� ����� ������ ������ �����

��� 5: �� ����� �� ����������� (Laya Awakening & Implementation)

����� �� ������: ���� ����� �� �� �� ������� ������ �� ����� �� �� ����

������������: ����, �� ���� �� ������� (������) ������ �� ������ ���� �����

���������: ��� ���� ���� "��� ����" ����� ��—�� ���� �� ����� ��, ����� �� ����� ���� ��, �� �� �� ����� ���� ���

6.�� ����� �� ����������� (Laya Awakening & Implementation)

����� �� ������: ���� ����� �� �� �� �������� ������ �� ����� ���� �� ����� �� �� ����

�����: �� �� �� ����� ����: "��� ������ �� ������ �� ������� �� ����� �� ������ ���� ���� ������ ��� ���"

������������: ��� �� ����, �� ���� �� ������� (������) ������ �� ������ ���� �����

7.����� ��� ������ (Surrender to Zero)

����� ������: ��� �� �� ��� ������ �� �������� �� ���� �� ���� ����� ��� ������� �����

���������: �� ����� �� ���� "��� ����" ����� ��—�� ���� �� ����� ��, ����� �� ����� ���� ��, �� �� �� ����� ���� ���

������ �������� - ���� �� ����� (Laya Lifestyle: Diet and Conduct)

������ �� ���� �� ����� �� ����� ������ �� ������� ����� (��) �����

���� ��� ��� ����� �� ������ �� ����������� ����, �� ������� ������ �� ���� ���� ����� ���

1.������ ����: ���� �� �������

���� ���� ��� ���� �� ���� ���� ��; �� �� ����� �� �� ������� �� ������ �� ���� ��� ��������� ���� ��� ����� ���� �� ����� �� ��� ������ �� ���� �� ������ ���� ������

�. ���� �� ������ (Selecting the Food):

�� ���� �� ��� ��-����� ��� ������ ���, �� ���� �� �����-�� ���� �� �� ����� �����:

��-���	������� (Laya Quality)	������	������ (������-������� ��)
�����-�� ����	����� �� ���, ����� �����, ������� ������� ��	����� ���, ����, ������� ���-����, ����, ���� �����	����� �� �� ������ (����� ��)� �� ����� �� ��� ���� ���� ���� ���

��-���	������� (Laya Quality)	�������	������ (������-�������� ��)
����� �-�� ����	����� �� �����, ����� ��� �����, ��������	����� �� �������� � ����, ���� ���/ �����, ����� ��� ��� ���� �����	����� � �� �������� �� ��� ���� �� �� �� �� ���� ����� ���
�����-�� ���� (�������� ��)	����� ����, ����, ����� ���� ����, ����-����� �� ������	���� ��, �������� �, �������� ����, �����, ���� ����, ����� ���	����� � �� ������� �� ����� ��� ���� �� �������� � ����� ���� ��, �� �� �� �������� � ���� �����

����: ���� �� ����-���� �����-�� ���� �� �� ����� ������ ���� �����

���������� �� �� �������� (Processed) ����, �� ���� �� ��� �� �� ���� �� ���� �����

�. ���� �� ��� �� �����:

��� �� ��: ���� ����� �������� ��� (������ �� ����) �� ����� ������� ���� ���� �� ���� �� (Digestive Rhythm) �� ��������� ���

���� ���� (Conscious Eating): ���� ���� ��� ��� ���� ����� (���� ���� ����� �� ��� ����) � ����� �� ������ �� �������� �� ������ ��� ���� �� �����, ��� �� ����� �� ����� ��������� �����

�������� �������: ����� ��� ��� ����� ��� ������ ����� ��� �� ���-������ (�������� �� �������) ���� �� �����

2.������ ����� (Laya Conduct): ����� �������� �� �������

'�����' �� ���� �� ����� ���� ��� ����� ����������, �� ����� ���� �� �� �� �� �� ���� �������� ���� ����

�. ������ �� �� (The Rhythm of Sleep):

����: ���� �� ����� �� ��� ������� ����� ������ ���� �� ������ (�����)

�� ���� ����������� ������ ��� ������� ���� ���� �� ������� (Repair) �� �� �� ������� ���� ���

�����: ����� ��� �� ���� ���� �� ���� ��� ���� �� ���� ������ ������� �� ��� ���� �� ���� �� �� ���� ���� ���� ������� ������ � ���

�. ����� �� �� (The Rhythm of Action):

�������: ���� ����� �������� ��� ������� (������) ����� ����-������ �������� �� ��� ��������� (Chaos) ���� ���� ��� ���� �������� �� ������� �� ������ ��� �� �������� �����

������� ����� �� �����: ���� ��� ��������� ������� (������, ���, ��������) �� ������� �� ����� �� ���� ��������� ������ ���� ������ (������) �� ����� ���� ����� ����, � �� ���� ������� (������� �� ������) ���

�������: ����� �� ��� ��� ���� ������ (�����) ���� �� ����� �� �� �� ���� ���� �� ����� �� ����� ���� �� ��� ������ ���

�. ����� �� �� (The Rhythm of Knowledge):

����� �����: �� �� ��� ��� ������� �� ������ (Information Overload) ������� �� ��� �� ���� ���� ���� ��� ��������

��������, ���� ������ �� ����� �� ���� �������

��� �������: ���� ����� �� ���� ����� �� ���� ���� �� ����, ��� ������ �� ����� (�������) �� ��������� ����� �� ���� ������� �� ����� �� �������� ����� ���

3.������ ������ �� �������: '������� �� ��� �����'

'���� ���' ��� ����� (Dhyana) �� ������� �� �� �������� �� ������ �� �������� ���� ���� ��:

1.������� ��� ����� (Nature as the Guru)

������ �����: ����� ����� (���� ������) �� �����, ��������� ����� (����, ��� ��, �����) ���� ������ ���� �������

���� ��������: ���� �������� ��� ���� ������� �� �� ���� ��� ����� �� �� (������ �� �������, ���� �� ����, ��� �� ���) �� ����� �� ������ ������

��������: "���� ������� ����� �� �� ��� �� ��� ���" ������� �� �� �� ��� �� ������ �� ���� ������ (������) �� ������� (�����) �� '���� ����' �� ������ ���

2.������ �� ����� �� �����

����� �� �����: ������� �� ��� �� ������ ��, ���� �� ���� ����� (�������) �� ����� ���� ��� �� �����

���� ����� �� ������ ��� �� ����� ���� ��, ����� ������� �� ������� �����������, ��������� �� �������� (������) �� ������ �� ���� ���

�����: �� ���������� �� ����� ���� ���������� ��� �� ������� �� ������� �� ���� �� ��� ���� ������

"����� ���� ���� �� ��, ����, �� �� �� ���� ���� ��� ����� ����� ���� ���� ��, �� ��� �� ����� ����� ���� �� ������ ���� �� ��� ���� �� ����� ��� ��� ���� ���� ����� �� ������ ���� ��, �� �� ��������� �� ������ ���� '������ �� ��� �� �����' �� ��� ���������—����� ��� �� �� ����� �� ���� �� ���������� �� ����� �� ��� �� �� �� �� ���� ��� ��� �� ����� �� ������������ �� �� ������ �� �� ����� ����� �� ���� ���� ���"

4.������ �������� �� ������

�� ���� ����� (�� �� ��) �� ����-����� (���� �� ��) �� ��� ���� ��, �� �� �� ����� ������ ���� (Laya Man) �� ���� ���

������� ���: ��� ��������� ������ ����� ��, ���� ������ �� �� ���� ����� ����� ���� ���

������ ���: ��������� ����� �� ������� ���� ���� ���, ������ ����

�� ������ (������ �� ����) ����� ���� ���

������� ���: ���� ������ �������� (����������) ����� ���� �� ���� ����� ���� ���, �� �� ����-���� ����� �� ��� ��—��� ����—�� ���� ���� ����

3: ����� �� �� – ����� �� ������ �� ��� �����

'�� �������' �� ���� ���� ������ ����� �� ����� ��, �� ��� �� �� ����� ���� �� �� ����� �� ����� ��� ���� ��� ���� ��� �� ��� ���� ������ �� ���� �� ����� ����, ������� �� ����� ��������� ����� �� ���� �������� ����-������ �� �������� �� ��� �������

�� ��� �� ������ ��: ������ �� �� �����

������ ���� ����� �� ����� ����� ������� �� ��, �� �� �� ���� ������ �� �� ���� ������, �� �� ��� ����� ���� � ���� ������ �� ��� (Void) ����� ���� ������

�������� �� ������: ���� �� ��� ���� �� ����, �� ��� ��������� ����� �� ����� ����� �� ��� ������ ���� �� ��� ����� ����, �� ��� ����� ���-�������� �� ��� ������� �� ��� ����� ���� �� ������� ����� �� ���

����, ���� ����� ��� ���� �� ��� ������� ������

���������� ����: �� ��� ������� ��� ��� ������� ���� ��, ����� ������� �� ������� ������� ���� ��� �� ������ ����� ��� �� ������ ������ �� �� ���� ������ �� ��� �� ������ ��, �� ���� ��� ���� �� ��� ��� ���� ������ ����� �� �� �� ���� ��������� ������ �� ���� ������, �� ������� ���� ��� �� ����� ���� �����

2.����� �� �����: ������� �� ����� ��������� ������

���� �� ����� ���� �� �� ������, ��� �� ����� ����� �� ��� ��� �������� (���� �� �����) �� �� ����� �� �� ������� �� ������� �� ������ ���� �� �� �� �� �� ���

��� ���, ����� �� ������� ���� �� ����: �������� �� ������ ��� �� ��� ����� ���� (����) ���� ����� ���� ���� ������ �� ����� ���� �� ������� �� ���� ����� �� ����, ����� ���� ��� ��� ������� �� ����� �������, ����-���� �� �����-����� ���� ����

������ �� �����: �� ������� �� ������ �� �� �� ��� ���� ��� ����� �� ���� ���� �� ��� ���� ���� ���� ��� ����� �� ��� ��� �� �� �� ����� �� ����� �� ��� �� �������� �� ����

������ ���� �� �� ���� ��� �������� �� ��� ���� ��� ���

�������: �� ���� ����� ���� �� ������, ���� ��� �� ��� �������� � �� ���, �� ���� ����� �� ���� ��� ������ �� ������ ����� �� ������ ���� ��, � �� ����� �� ����� �������� �����

����� �����:

����� ����� �� ������� ���� �� �� �� ������� �� ����� �� ����� ���������� ���� ��� �� ���� ��������� ������ �� ���� ������� ����� �� ��� ������ ���� ���� ��������� ������� (���� ��� ���������� �� ������ �� ������ ����) �� �� ��� �� ������ �� �� ���� �� ������� ����� (���� '�� ������� ���� ��� ������' �� ����) �� ��� ���� ��� ���

��������� �� �����������: �� ������ �� ���� ���� ��������� �� ����� �� �� ��, ����� ������� ������ ������ �� ��� ��� ��� �� ����� ���� ����� �� �������� �� ���� ���� ��, ����� �� ��� ��� (��� �� ��) ���, �� �������� �� �� ����� �� ����� ������ �� �� ����-���� �� ��� ��� �� ��� ����

3.������ ���� �� �������

�� ��� �� ���� ������ �� ����� ���� �� �� ����� ���� ����� �� ��� ���� ��� ������ �� ������ ������� ��:

����� �� ��������: ���� ���������� �� ��������� �� �������� ����� �� ����� �� ����� ������ ��� ����� �� ���� ������� �� ��� ������-���� ����� ����

�������� �� ������: ���� �������� ������� �� �� ��� ���� ������� ���� ������� ������ �� ������ ���� ���������� ������ �� ������� ����� �� ���� ��� ������

�������� �� ������: ���������� �� ������ �������, �������� �� ������ �� ��� �� �� �� ������ ������ �� �������� �� ������� �� ��� ������ ���

�� ���� ���� ����������� ��: ������ ��� ���� ������� ��� �� ��� �� ���� ��, �� �� ���� ����� �� �� �� �������� ����, ���� ����-������� �� �������� �� �������

4: ���� �� �� �� ��������� ���������� (The Laya of Karma and Free Will)

���� '�� ��������' �� ������ ��� ������ �� ��� ����, ��� ���� �� ��� ����� (Ultimate Reality) ���� ��� �� ��� ���, �� ������ ��� �� �� ��� ������, �� ����� ��� ������ �� ��������� ��, ���� ���� ��� (�������) �� ������� ��

������ �� ���� ���� ����������� ������ ���� ���

1.��� �����: ������� �� ����� �� ������

��� ����� �� ������ ���� ����� ������� �� '������' �� ����� ���� ��� �� ��� �� ��� �� ��� �� �� ����� ��� ����� ���

����� �� ��������: ����� ��� ������ �� ������� �� ���-���, ������ �� �� ���� �� ���, ������ �� ���� ��� �� ����� ������ ����

��������� ��: �����, ���, �����, �����, ����, ���, ������—�� ��� ���� �� ��������� �� �� ����

��������� ��: �����, �������, ���, ����, �����—�� ��� ���� �� ����� �� �� ����

��� ����� �� ��� �� ��� ��� �� ����� (Duality) ���� ��, ����� ������� (Wholeness) ���

2.������: ���� ���, ��� �� �������� ���

��� ����� �� ���� ���—������—�� �� ������ ��� ���� ��� ����� �� ��������� ���, ���� ���� �� ����������� ����� ���� ���:

���� (������ �� ����)	���������� (������� �� ����� ��)
���� ���, �������������, �� ��������� ������ �� ��� ��� ���� ���� ��� ��� �� ������ �� ���� ���� ���, ����� ���� �������� ���	���� ��� ����� �� ��� ����� (���, �����) �� ������� (�����, �������) �� ���� ��� ���� ��� ���

�� ������� �� ������ �� ���� ����� ��� �� ������ �� ���� ���, �� �� ����� �� ��� ��������� ��� �� �� ���� ������ ����� �� ��� ���� ��� ��������� ���� ����

3.���� �� ��: ����� �� ����, ����� ���� ��

������ �� ����� ���� ����� ����� ������ ����� ��������� ���� ��, ����� �� ���� ������ �� �� �� ������ ���� ���

�������� �� ������: ����� ��� �� �� �� ���� ���� �������� ��� (�����, �����—�� ���� �� �� ���) �� ������ ��� �� ��������� ����� (�������, �����—�� ����� �� �� ���) ���

������� �� �����: ���� ����� ��� ���������� �� ���������� ����� �� ��

������ �������� �� ������ �� ������ �� �� ����� ��, �������� ����� �� ����� ��� ��� �������� ����� �� ����� ����������� ���

������ �� ��������� ��: ��� ������ ����� ��� �� ������� �� �� �� ������ ��� ����� ������� ��� �� ����� �� ������� �� �����—������, ����� �� �������—�� ������� ����� �� ����� �������� ��� ����� ��� ��� �� ����� ����� ���

���������: ������� ����� �����-��� �� ����� �� ����� ������ ��� �� ����� ������� �� ����� �� ����� ��� (��� �������� ������ �� ������ ����� �� �� ��� ��� �����) �� ������ (��� ����������� �������� �� ������� ����� �� �� ��� ��� �����)� ������ ����� �� ������ ������ ���

4.�� �������� �� ��������: ���������� ����

�� ������ ���� ������� �� �� ����� �� ������� �� ����� �� ��� ����� ����� ������, ������ �� ������ �� ��� ����� ������� ���

'�� ��������' �� ����� ����� ������������ ����� ��:

�� ������ �� �� ��� �� ���� ���� ����� ������� �� �� �� ������� ���

�� �������� ����� �� �������, ���� ��� �� ����� ����-������� �� �� �� �������� �� ������� ����� ���

��� ���� �� ����� – ����� �� ����� ��

���� '�� ��������' �� �����, ���� �� ����������� �������� �� ������ �� �� �� ������ �� ��� (Core Essence) �� ������ ���: ������� �� �������� �� ��������� ����� �� ������ ��� ������ �� �� ������ �� ������� ������� �� ��������� �� ������ ���

1.������� �� �����������: �� �� ���� ����� ������

������� (�������/����) �� ������� (������/���) �� ��� ��������� ����, ������ �� �� ��� ���� (������) �� �� ��������� ���� ���� �� ������ ��-����� �� ���� (Complementary) ��� �� �� �� ���� ������ �� ��� ��������� ���� ���

������� �� �����������: ������� (�����) �� ������ ���� �� ������� ��� ������ ���� ���� �� ��� ������� (�������/����) �� ��������� ���� ��� ������� �� ����, ������ ���� ������ ������ ��, ������ ��� ������� ��� ���� ���

������: �� ������� (��������) �� ������ (���) ������� ��, ��� ������� (����) �������� ���� ��� ��� ������� ������ � ��, �� ������� �� ������ ���� �� �������

������� �� �����������: ������� (�������) �� ���� �������� ���� ��

���� ��� ������� �� ���� ���� �� ��� �������� (������) �� ��������� ���� ��� �������� �� ������ �� ����, ������� ������ �� (�������) ��—���� ���� �������� �� ��������� ���

������� �����: ��� ����� ��� ����� �� �� "����� �������� �� ��� (�������) �� �� ���" ������ ����� �� ��� �� ��� (������) �������

2.����� �� ������: ����� ���� �� �������� ��

��� ������, ���� �� ������ ���� ���, �� ������� �� ����� ������� �� �������� �� ���� ���� ��� �� ������ (50:50) �� ���� ��� ��� ������������� �� ��������� ����������-��������� ��������� ��: �������� �� ������ �� ������ ��������

����������: �� ������ �� ������ ���� ���� ��, �� ��������� ����� ��, ����� ���� ��� ��� �� ������� �� �� ��� �� ��� ������� �� ��� ���

3.������ �� �������: �������� ����� ����

�������, ��� ������ �� ��� ����� �� �����, ���-������, ���-������, �������-������—�� ��� ����� ����� ����� ���

������ �� �������: ������ �� ��� ������ (Duality) �� ����� ����� ������� ����

�� �� ��� �� ����� ��� ���� ��� �� �� ��� ���� �� ������ �� ���� �������� ��� ��� �� �� ������� �� �� ����, �� �� ����� � ���� ���� ��� �� ���� ����� �� ����, ����� ������ �� ������ ������� ����� �� �����

����� �������: ��� ���� ����� ���� ���� ��, �� ���� ���� ���� ����� ������ (����, ����) �� ������� (�����, �����) �� ����� �� ������ ���� �����

������ = ���������: �� �� ���� ����� (�������) �� ���� ���� (������) �� ��������� ���� ���, �� ���� ���������� (������) ��� ��� (�������) �� ������ ���� ���, ��� �� ������� ����� �� ���� ����

�� ������ �� ����� �� �� ��� ���� �� �� ����� ���, ���� �� ��� �� ����� �� ��� ���� ���� ������ �� ������ �������� �� ���� ����

�������� ������ �������� �� ������� ���

����� �� ����� �� ��������� ����� �� ������

�������� �����	�� �������� �� ���� (�������� ���)	������� (������ ��������� ��)
������ �� ������� �� (Personal God): ����� ���� ��� ���� ��, �� �� ����� ��, �� �������� ��� �� ��� ���� �� �� �������� ���� ���	������ (�����) �� ������� ����, ����� �������� �� '����' ��� �� ������ (����) �� ������� (�����) �� �������� ������ ��� ���� ���� �� ���������� ��� �� ����� ���� �����	�� ����� ������ �� ���������� �� ��� ���� ��� ��� ���� ������ �� ��� ����� �� ��� ���� ��� �� ������ �� ��������� ��� ������ �� ���� ����

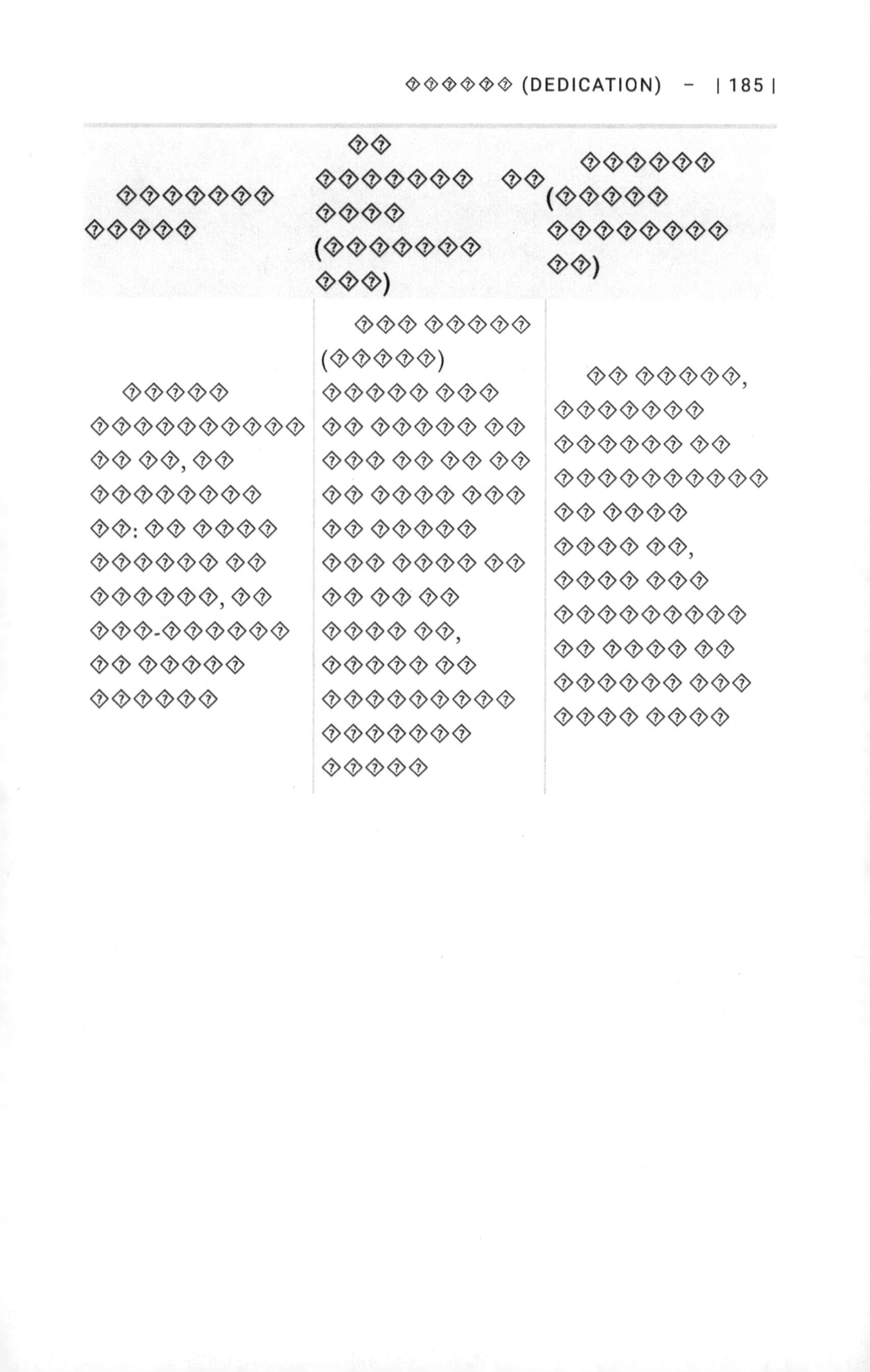

�������� �����	�� �������� �� ���� (�������� ���)	������� (����� ��������� ��)
����� ����������� �� ��, �� ��������� ��: �� ���� ������ �� ������, �� ���-������ �� ����� ������	��� ����� (�����) ����� ��� �� ����� �� ��� �� �� �� �� ���� ��� �� ����� ��� ���� �� �� �� �� ���� ��, ����� �� ��������� ������� �����	�� �����, ������� ������ �� ���������� �� ���� ���� ��, ���� ��� ��������� �� ���� �� ������ ��� ���� ����

�������� ������	�� �������� �� ���� (������� ���)	������ (����� �������� ��)
����� ��������� �� ��������: ����� �� ����� ��� �� ���� ����� ��� ���� ��, �� ��� ��� ����� ���� �����	'��' ���� �� �� �������� ��� ������� �� ����� ������ ���� �� ��� ��� ����� ��� ����� ���� �� ����� ����� �� ����� �� ��, ������� �� ������ �� ������ �� � ��� ���	�� ����� ������ �� ������ �� ���� �� ������� ���� ��, ��� ���������� �� ��� ���� ��, �� �� ���������/ �������� ������� �� ������� ���� �� ����� ���

��������� �� ���������� �� ������ ���� ���� �������

�������� �����	�� ������� �� ���� (������� ������)
����������/ �������� �� ������ ��: ���� ����� ������� �� ����������� �� ���� ��� ����� �� ������ �������	���� �� �� ��� ��� ���������� �� �������� ���� �� �� ����� (������) ���� �� ���� �� ���� ���, ���� �� ������ ����� ���� ���� ����� ������ �� �� �� ������� ���� �� �� ��� �����
������ '����' �� '�����' ��: �� ����� �� ��� �� ���� ��� ���� �� �����	������ ��� ����� �� �������� ��������� ��� ��� �� ����� ����, ����� ��������� (Creator) ��� ��� ���� ���� ������ �� �� ����� ��, ���� ����� ����� �� ��� �� ������ ���� ���� ���

������� �����	�� ������� �� ���� (������� ������)
����� �� �� ����� ��: ����� �� ���, ���� ���� �������	�����(�����)�� �� ����, ������ �� ����� ��� ���� �� �� �� �� ���� �����, ����� ���� �� ��������� ������������ �� ��� ��� ����� ��� �� ������� ���� ������� ������ ��, ������� �� ���� ����������� ����� ����

������ �����-������� �� ������ – ���� �� ���� �� ����

�� ��� �� ��� ������� �� ���������� ������� �� ������� ��� �� ����� ���� �� �� ������ �� ���� �������� ������� ����� �� ���������� �� ����� ���� ���� '�� �������' ���� �� ��� ����� �� ������� ���� ���� �� ���� �� ������������ �� ������� ����� ���

1. ������������ ����� �� ��������� (The Myth of Personal God)

�������� ������� �� ������ �� �� ��� ������� (Personal Entity) �� ��� ��� ��������� ���� �� �� ����� �������� �� ���� ��, ���������� ��� �� ������� ���� ��, ��� ����� �� �� ��������� ��� �� ����������� ����� ���

�������� ���:

���� ����� ��������: ����� ��� ���� '������' ��, �� ������� (����) �� �������� (������) �� ��������� ������ ��� ������ ��� �������� ����, ������ ��������� �� ����, ������ �� ����������� ����� ��� ����� ����� �� ���������� ��� �� ������ ����� ������

�������� �� ����������: ���������� ������ �� ������ ������ �� �������� �� ���������� ��� ����� ��� �� ���� ��������� �� ������� �� ��� ����� ���� �� ����� ����������, ��������� �� ��� �� ������� �� ����� ����� �� ���������� ������� �� ����� (������� �� ��������� ��) �� ��������� ���

�������� �� ���: '�� ��������' �� ����� ����� ��� �� ������ ��� �� ������ �� ��� �� �� ����� �� ���-�����, ������ �� ����� ��� �� ������ ��� ������ �� ������� ����� ��� �� �� ��� �� ������� ���� �� �� ����� ������������ �� �� (����� �� �������) �� ������ ����� ����� ���

������: ���������� ����� �� �� ��������� ������� �� ���� ����������� �� ��� ���� �� �� ��� �� ����������, ��� ������� ���� ������ �� ������ ��� ���� ���

2.����� ����� �� ����� �� �����

�� ������� �� �� ����� �� ���� �� ���� ���������� ����� �� �� ���� ������ ������ ���� ��, ������ ��� ��� ��� ������ ���� ���� ���

������� ���:

����� �� �����: '��' �� ������� �� ����� ������� ���� �� ����� �� ���������� ��� ��� ��� ������ �� �� ��� ��� �� (���� ������� ��� �� ������ �� ���, �� ����� �� ���), �� ������ ��� ������ ���� �� ������

������ �� ����: �� ������ ������� �� ������, ���� �� ��������� �� ���� ��� ���� ��� �� ����� �� ������������� (Static) ��� ���� ��, ����� �� ��������� ������ �� �������� ������ �� �������� ���� �� ������ ���� ����

���� �� ������: �� ������� ����� �� �� ������ (�����) �� ������ �� ��, ������� �� ������, ��������� ����� �� ����������� �� ������ �� ��������� �� ��� ��� ������ �� ���� ��� ���� ������ ������

3.���, �� �� ����� �� ��� (The Trap of Sin and Fear)

�� ���������� ��� ������� �� '���� �� �����' �� '������' ������ ����� ����� ��, ������ �������� ��������� ������ �� �� ����� �� ����� ��� ����� ���

������� ���:

����� �� ���: ������� ��� ������ �� ��� �� �� ������ ����� �� ��������� �������� ������ ������ ��� ��� ������ �� ������ ����� ����� ������� ������ �� ��� �� �� �� ��� �����-�������� �� ������ ����� ���

���� �� ��: ��� ������ (������) �� ���� �� ��������� ����� ��, ������ ���� ������� (�������) �� ������ �� ��������� ��� ����� (�����) ����� �� ��� ����� ��, ������ ������ ������� �� �� �� ��������� �� ���������� ������� ���

����� �� ���������: '�� ��������' ������� �� �� �� ����� ������� �� ����� ����� ����� ����� ������ ������ �� ��� ����� ������, ������ ����� ����� ������� �� �� �� ������ ����� ������ �� ������ ���

4.���������� �� ���� ����

�� ���� �� ��� �������� �� ������ ��� �� ������� �� ����� �� ����� �� ��� ����� ��:

������ �� ���������: ���� �� ������� �� ��������� �� ������� ��

��������� ���� �� ������ ����, ����������� ����

���������: ��������� �� �� ������ ����� �� �������� ���� ��� ��� ����������� �� �� �� �� �� ���� ��� ���� �� �� ������

����� ������: ���� �� ����� �����, ������� �� ����� �� ������ ����, ���� ������ ����� (���������) �� �� ����� ���

'�� �������' �� ������:

"���� �� �� ���� ���� �� ������ �� ���� ���� ���, ���� �� ���, �� ���� ������ �� �� ����� ��� ����� �� ����� ���� ���"

����� ������ �� �� –

� ������, � ����, ���� �����

�� ��� �������� ������ �� ������ �� �� ������� ���� �� �� ��� ����� (�����) ���� ��� ���� ��, ����� �� ��� ��, �� ������ �� �� ���� ����� ����� �� ��� ����, ����� ��� ���� �� ��� ������ ��� ����� ���

1.������ �� ���� �� ������� �� ������

������� ������ �� ������ �� ��������� ���� �� ��� ������ �� ��� �� ��� (������/����) �� �� �� ����

������� '�� ��������' �� �� �� ���� �� ���� ��� ������� ���� ��:

����� �� ��������: ��� ����� (�����) ���� ����� ��� ��� ���� ��� ������� ���� ��� ����� �� ���, �� �� ��� �� �� ���� ���� ��(���� �� �� ��� ������ ���� �� ������ ���� ��)�

������ �� �� ����: ���� ��� �� ������ �� �� ���� ����, ��� ����-���� ��� ������ ��� �� ����� ����� �� ������ �� ��� ���� ���

����� �� ����: �� ������ ������ �� �� ���� �� ��� ��� �� ���� �� ����� �� ���� ��� ����� ���� ���� �� ��� ���� ����� ��, ���� ������ ��, �� ���� ��� ���� ���� �� ����� ������ �� ���� �� ��� ���� ���

����� �� ���: ����� ���� ����� �� ��� ����� ���� ���� ����, � ���� �� ��� ����, � ��� ����� ����� �� ����� ���� ���

2.������������ ������ �� �������

��� ����� �� ���� ��� (������) �� ����� �� ��, �� ��� �� ��� ��� ����� ������ �� ���� ���� ��� �� ������ �� �� ���� �� ����� �� ���� (������) �� ���� ���

������ �� ����: �� ��� �� ���� �� ���� ��� �� ���� ��� ���� �� ����� ������ �� ���, �� ������ �� ��� ��

��� ��� ���� �� ���� (�� ������� �� ������ ��� �� ���� ��)�

����� ����������: ���� ������ �� ������ �� ���� �� ��� ����� �� ���� �� ����� ���� ����� ��� ��� ���� '����� �� �� ��� ������' ���� ����, �� ��� �� (�����) �� ������ �� ������� ���

������: ������ �� ���� �������� �� ����� �� ����� ������ �� ���� ����, ������ ���� �� ��� ���� �����, � �� ������ �� �������� ��������� �� ����

3.��� (Aura) �� ������� �� ���� �� ��

������ �� ������� �� ���� ������ �� ������ �� �� �� ���� ������ ���� ���

������� �� ����� �� ������: �� ������ ��� �� �� �������� �� ����� ������ �� ��� ��, �� ������ �� ������� �� ������ �� ������ (���������) ������� �� ��� ���

�����-��� �� ������: ��� ����� �� �� ���� ���� ���, ���� �� �������, �����, �� ����� �� ���� ����� ���������� (��) ���� ��� ���� ���� ��� ���������� �� ��� ���� ���

��� �� ��������: �� ���� ���� ���� ��, ���� ����, ���-���, ��� �� ��� (�����-�������) ��� ��� �� �����, ���, �������, ������, ����-����,

����, ���-��� �� ���� �� ������� ��� �� ������ ����� ���� ���

����� �� ������: ��� ������� ��� �� ������ �� ���� ��-��� �� ������ �� ������� �� ��������� ����� ���� ���� �� ������ �� ���� ��������� ������ �� ��������� ����� ���

4.��� �� ��������: ����� ����� ���� �� �����

�� '�� �������' �� ���� ��� ������� �������� ��: �� ���� ����� �� ��� ���� ����

�������� ����������: ��� �� ���� ��� ���� �� ��� ���� ���� ��, �� ���� ��� ���� �� ����������� ���

�������� �� �����: �� ���� ����, ����-�����, ���� �� ������� �� ���� ��� �� ���������� ���� ���� ��� �� ��� ���� ����

������: ��� ��� �� ��������� �������� ���� ������ �� ������� �� ������� ����� ������� ���� ��� ��� ���� ��� ��� �� ����� �� ����� �� ���� ���� ������� ����� �� ����� ��� �� ����� ��� ����� �� ������ ���� ��

������ �� �� �� ���� �� �������

�� ��� ��������� �� ���� ������� �� ������ �� ���� ��������� �� ���

�� ����� �� ������ ���� ��, �� ������ �� �� ����� ���� ����� �� ����� ���� �� ��� �������� �� ������ �� ����� ������ ���� ���

1.����� �� �������� ���: ������ �� ������

��� �� ������� ������ �� ���, ����� �� ������ (Manifest) ��� �� ������ ����, �� �� ����� �� ����� ���� ������� ������ �� ���� ��� ���� �� �����

���� �������: ����� (��� ����� / �����) ���� ����� ���� �� �� �� ������� ��������� �� �� ���� �� ���� ���

����� ���������: ����� ������ �� ����� ����� ��� ������ ����� ��� ��� ��� ���, ���� �� �� �������� ���� �� �� ��� ��� ���� ��� ����, �� �� ��� ������� �� �� ���� ����� �������� �� � ��� ���� ��� �� � ��� ���� ����

��������: ����� �� ��� �� ������ ���� ����� ������ ��, �� ����� ����� �� �� �� ������ ����� (Focus) ������ ���� ��� '�� ��������' ���� ��� ������ �� �� �� ������ ����� ���� ����, ����� ���� ��—�� ������ ���

2.������� ������ �� �������: �� ����� '������� ���' ���?

��� �� �� �� ���� ����� ����� �� ���� �� ������� ��� ���, ����� ������ �� ��������� ��� ���� ��� ��� ����� ���

���� �� ���� ���������: ��� ���� ����� ���� �� ���� ������ ���, ��� �� ������� ��� (Micro-organisms) ����� ���, ���� �� �� �� ���� ������ ����� �� ��� ����

���� �� �����������: �� ����� ������� �� ���� �� ����������� �� �� �� ������� ��: ������� ����, ����� �����

����� �� ������: �� ������ ��� �� ��, �� �� ����� ���� �� ����� ���� ��: ���� �� ����� �� ��� ���, ���� �� �� �� ���� ���� �� ���� ������ ���� ���� �� ����� ���� ����

3.���� �� ������� �� ��������� ���

����� �� ��� �� �� ������ ������ �� ������� ������ �� �������� �� ����� ���, ����� ����� ������� ���� ���� ���

����: ����� ��, ������ ��, ���� �� �� ���� ������ �� ���� �� ������� ����� ���� �� ����� ����� ���� ���

���������� ���: �� ���� �� ���� ��� ���� �� ��� ���� �� �� �����

�������� ������� �� �� �� �� ���� �������� �� ������ ���� ������, ���� ���� ���� ������ �� ������� �� ��� �� �� ���� ������

���� ���� ������ �� ���� �� ������

���� ������ �� ����� ������—���� �� ��������� ��� ��� �� ���� ������� ��� �� ���� ����� �� ������ ��:

������ �������	���� ������� (������� ���)	���� �� ������
������ ������	����, ���-���, ���: ���� ���� �� ��� ������	�� ���� ����, ����-�����, �� ����� �� ���� ��� �� ������� �� ��������� ���� ����

������ �������	���� ������ (������� ���)	���� �� ������
����� ������	������, �����, �����: ���� �����, �����, �����- ����� ����	�� ����, ���� �� ����� ��� ������, �� ���� �� ���� �� ����� ������ ���� ��� �� ���� ������ �� �� �� ����� ����� ����

��������: ��� �� ���� �� ���� �� ������� ��� ��� ��, �� �� ���� �������� ���������� ���� ��� �� ���� ���� ������ (����) �� ���� ���� �� ����� ���� �� ��� ���� ��� �� ��������� ����

�������� �� ������: ��������� �� ���������� ��

�� ������ ���� ������ �� �� ����� ��������� ������� ���� �� (�� ���� ��� ������ ��), �� ���� ���� �� �� �� ������ ��� ���� ���

���� ��: �� �� ��������� �� ��� ���� ���� ��, ������ ���� ����� �� ����� ���� ���� �� ��-��� ����� (����� �� �������, ���� ���-����) ��� ���� ���� ���

����� ��: �� ��������� �� ��� ����� �� (������ ���� ��), �� �������� ���� ��������-�� �� ����� ���� ���������� �� (Cosmic Rhythm) �� ���� ���� ���

���� �� �������: �� ���������� �� �� �������� �� ����, ��� �� ����� �� ���� ��� ��� ���� ��� �� ���� ��� ������� ����� ����, ����� ������� �� ���� ����� �� ������ ������ �� ���� ��� ��������� ���� �� ���� ���

��� '�� �������' �� ���� �� ����� ������� ��: ���� ���� �� �������� �� �����, ��� ���� �� �� ��� �������� �����

����� ����� �� ������ �� ������� �� ������

'�� �������' �� ����� ������ �� ������� ������������ ��, ������� ����� ����� �� ��������� �� ����� ���� ��, ����� ��� �� ��� �������� �� �������� �� ���� �� ���� �� ����

1.�� �� ��� �����: ������� ���������� �� ����

����� ������, ������� ��������� �� �� �� ������ ����� �� ��:

����� �� �� ��� ��: �� ����� ��������� �� ������� ����� �� �� ��� ������ (������) ����� ��� ����� ����� ��, ������ �� ��� �� �� �������-������� �� ��� ��� ������� �� �� �� ��� ������� ���

���� ������ ���� ���� ������ ��: �� ������ �� ������ �� ������ ����� �� �� ������ ��������� �� ����� ��� �� �� �� �������� ���

����� �� ���������:

�� ���� �� ������ �� �������, ����� �� ��� ������ �� ������

����� ����	����� ����	������
�� �� ��� ����� (�������� �� ����)	������ �� ����� ��� ����� ����� �� ������ �� �� ����� ����� (��������� ���)�	������ �� �� �������� ��� �� ��������� �� ������ ������ �� ����� �� �� ��� ����, ����� �� ������� �� �� �� ������ �� ���
���� �� �������� �� (����� ����)	����� �� ��� �� ��� �� ���� ��� (������ �� ����) �� ��� �� ���� �� ��� ��� ����	������ ���� ���������� �� �� ���� ���� ���� ���� �� ����, ���� �� ��� �� ��� �������� �� ���� ����� ��� �����

2.������� �� ������ �� ��� ��� �� ������

�� ������ �� ���� ���� ��� ������� �� �������� �� ������ ���� ���:

����� �� ����: ������� ���� �� ����� ��� ������ �� ������������ �� ���� ���� ���� ��������� ������� �� ����� ��, �� �� ������ ���-������������ ��� ��� ���

����� �� �� �������:

�� ������� ���� �� ��� ��, �� ������������ �� �������� �� ���

�� ������ �� ��� ��, �� ��������� �� �������� �������� ��� ��� ���

���� �� ���: �� ������ �� �������� �� ������ ���, ������ �� ��� �������� (���� ������ �� ������������� �� ���� �� �����������) ��� �� ������� �� ��� ���� �� �� ��� ��� (���� ���� �� ������ �� ��) ���� �����

�� ������� �� �����: '�� ��������' �� ���� ��� �������� �� ������� �� ��� ���� �� ��� ��� ��� �� ���� �� ����� ���� ����, ����� ������ �� ���� �� ����� ���� ��� �� ������ ���� �� ������������ ���� ��� �� ����� ������ ��� ���� �� ��� ��: ����� �� ���� ��, �� ������� ���� ������ ��� ��, ���� ���� ���� �� ������� �� �� ������� ��� ���� ���

����� �� ��������� ������� �� ������� �� '�� ��������' �� ���������

������� ��� ��� ������ ������� �� ��� ���� (�����) �� ������� ���� �� ��� ���� ���� (�����) ����, ����� ��� ����� ����� ��� �����, ��� �� ��� ����� �� (��������, ������� �� �������) �� ���� �� ����� ����������, ����� �� �������� ��� ��� ��, ����� ������� ���� ������ �� ��� ����

����� �����

����� �������	������ �� ��������	������ �� ������
���: ��������� �� ����� �����, ������ �� ���� (������, ���-�����, ���-�����) ������ �� �� ������ ���� �� ������� (�����/ �����) �� �������	������: �� ����� ����� ��� ��� ���� ��� ��������� ��� (���� �� �� �����) �� ��� ����� ���� ���, �� ���� ����� ��� ���������� �� �������� ������ �� ���	����: �� ���- ��������� ����� ��� �� ���� (������) �� ���� ��� �� ������ ��� ������� �������� �� ���� ��� ������� �� ���� ���, �� ����� �� ����� �� �� ��� ������

����� ��������	������ �� ���������	������ �� �������
�� �������� �� ��: ����� �� ���� ������ ���, �� �� ���� ���������� ����� (��������) �� ���� ���� ������ �� ��� ���� ��� ���� �� ���� (�������) �� ������ ��������� ���		

����� �����

����� �������	������ �� ��������	������ �� ������
���: ����, ������� �� ��� ����� ������ ��� ����(�����) �� ����� ('���� ����'—�� ����, �� ����)� �� ������ (����/ ��������) �� ���� �� ����� ���� ���	������: �� ����� ���� ������� ���-����� ��� ��� ���� ��� ���� ������ ����� �� ��� ���� ��� �� ����� �� ��� �� ��� �� ����� ������ �� ������ ���	����: �� ���- ������� ����� ��� �� ����� �� ���� (�������) �� ���� �� ������ ��� �� ������� ������� �� ��� ������� ���� ��, ������� �� ���� �� ��� �� ����� �� ���� ��� �� ������ �� ���� ���� ���

����� �������	������ �� ��������	������ �� ������
�� ������� �� ��: ���� �� ����� ��� ���� �� ����� �� ��� ������ ���, �� ������ ����� (�����) �� ����� �� ������� ���� �������� ���		

���� �����

����� �������	������ �� ��������	������ �� ������
���: �� �� ����� ��� ���� ���� ��������� �� ���� ����� �� ������ (����) �� ������� (���) �� ������� �� ��������� ������ ���	������: ��� �� �� �������� �� ��(�� ����� �� ���� �� ���� �� ���� ��), �� �� ���� �� ���� ��� ������ ���� �� ��� �� ����- ������ ��� ��� ��(�� ��� ���� ���, ������� ��� �� ���� �����)�	����: �� ����� ������ ���� ���� ����� ������� �� ��� ���� ���� �� ���� ��� ������� ������ �� (���� �� ���� ��� 7 ��� ������, ����� �� ����� ������ ��)� �� ������� ����� �� ����� �� ����� ���� �����

����� �������	������ �� ��������	������ �� ������
�� �������� �� ��: ���� �������� ��, �� ��� ���� ��� �� �� ����� (�������) �� ���� (������) �� ������ �� ���� ����		

�� ����� (Hatha Yoga)

����� �������	������ �� ��������	������ �� ������
���: ���� (Hatha) �� ����� (Prana) �� �������� ���� �� �� ����� ����� �� ������� �� �� ����� ���	������: �� ����� ���� ������� ���� �� ��� �� ������ �� ����� �� ���� ��� ������ ����� �� ���� ����� �������� ��� �� ���	����: �� ������ ������� ������ ��� �� ������, ����� �� ������ ���������� ���� ���������� ������ �� ���������� ���� ��, ����� ����� ����� �� ���� ���

����� �������	������ �� ���������	������ �� ������
�� ������� �� ��: ��� �� ����� ������ ��� (���� �� ��� 5 ��� ����� ��� ��), �� �� ���� ������ ������ �� ���� ���, ������ �����		

5.�� �������: ������ �� ����� �����

�� ��� ��������� ������� �� ������ �� ��� �� �� ������ (Unilateral) ���—�� ������ (�������/����) �� ������� (���/�����) ��� �� ���� �� �� �� �������� ���� ���� ����

'�� ��������' �� �� ����� ������ �� �� �� ��� ������ �� ��� ���� ��:

������ �� ����������: �� ������������� (50:50) �� �������� �� ���� ���—���� (����� �����) + ����� (����� �����) + ��� ������ (���� �����) �� ��������� �����

���� �� �����������: �� ���� ������� �� ����������� �� ������ ���� ��� �� ���� �� ��� �� �� ������ ��, �� ������ �� ������� �� ���������� ����� ���

��������� �� ����: �� ������� �� ������ �� ������ ��, ����� �� ������ �� ������ ��� �� ������ �� ��� ������� ��� �� ���������� ���

�������: ����� ������ ����� ���� ����, ����� ����� ��� �������� �� ����� ���� ������ �� ������ ��������� ���� ���

��������� ������ �� �������

������ – ������������ �� ����

�������� ������� �� �� ����, �� ���� ��������� �� ��� ���, ��� �� ���������� �� ������� ������� ��, �� ������������, ��������� �� �������� ��� �� ���� �� �� ���, ����� �� ������ �� ���� ��� ���� �� �� ����

������������ ������ �� ����� ���� �� ��������

����/ �������	������� ������ ���������	�� ������� �� ����������� (������� ���)
���� �� ������ (����/��� ������)	���� ��� ������� ����, ��� ���� ������, �� �����, ��� ������ �������	��������� ���: ������ ���� (������, �����, ����������� ���� ������) ��� �� ������ �� ���� ���� ����� ��� �� ������� ���� �����-�� ���� (�����, ���������) �� ���� ���� ��, � �� ����� ���� �� ���� �� ���� ���� ���

����/ ��������	�������� ������ ����������	�� ������� �� ����������� (�������� ���)
��������� �� �� �������	�� ������ (����, �����, ������) �� ��� ����, ���� �� ����� ��������� ������ ����	���� �� ����������: �� ���� ������ ���� �� �������� ������ ���� �� ������� ��� ��� ����� �� ������ �� ������ �� ����� ��� ����� �������� ����������� �� ������ ���� ����

����/ �������	������� ������ ���������	�� ������� �� ����������� (������� ���)
��������� �����(����)	���� �� ���� ���� �� ������� ���� ���� ���������� ������ �� ��� ������ ���	���������: ���� �� ���� ���� �� �� �� ����� ���� �����; �� ����� ������(���-������) ��� �� ������� ��� ���� ������ ����(��� 6) �� ������ ������ ������ ��, � �� ������� ����

���� �� ������� ������ �� ������� ����

����/ �������	������� ������ ���������	�� ������� �� ����������� (������� ���)
������� �� ��������	������� ����, �������, �� ��������� ���� ��� ������� �� ���� ������� � ����; ������ ������� ������ �� ������ ������	��������� �� �� ���������� : �� ���������� �� (50:50 ������) �� �������� �� ������� ��� ������� (�����) �� ������ (����) ����� ���� ��� �� ���������� ���� ������� �� ����� ������ �� ��� ����� �� ���� �� ���� ���� ���

����/ �������	������� ������ ���������	�� ������� �� ����������� (������� ���)
����- ������ ���������	���� �� ���� �� ����� �� ���� �� ����� ����� �� ���� ��������� �� ������� �����	������� �� ����������� : �� ������� ��� ���� ���� �� �� ������� ��� ���� ���� �� ����, ����� ������� �� ���, ������� �� ���� �� ��������� ���� ������ �� ������ �� ���� (��) �� ������� ���

����/ �������	������� ������ ���������	�� ������� �� ���������� (������� ���)
������� ��� �����	����� �����, ����� �����, �� ��������� ��� �� ���� ��� ���� (�� ��� ������ ��� ���)�	������ �� �����: �� ������� ��� ��� �� �������� ����� ���� �����, ���� ����� ���� ��� ���� ���� ��� �� �� ������ ���� ���� ����

��������� ���� ��� �� ������� ��� ����� �� ��� ��

����/ �������	������� ������ ����������� ���������	�� ������� �� (������� ������)
������ �� ��������� �� �������	���� ���� ������ �� �� ��� ����� �� ������ �� �������� �� ����� ���� �� ���� �����	���������: ��� ������ ���� ��� �� �� ����� �� ���� ��� ��, �������� �� ���� ���� �� ���� ���������� �� �� ��� �� ������� ���� �� ���� �� �������� ����� ��, �������� �� �����

����/ �������	������� ������ ���������	�� ������� �� ����������� (������� ������)
����� �� ��������� �� ����������	����� �� ��� �� ����� ���� �� ����� �� ���� ���� ���� ��� ����� �����	�������� �� �����: ����� (�����) ����� �� ������ �� ���� ��� ���� �� ���� ���� ��������� ��� ����, ���� �������� ���������� �� ������� �� �� ������� �� ����� �� ����� ����� ���

����/ �������	������� ������ ���������	�� ������� �� ����������� (������� ������)
�������� � ������ �� ����	������� (�����, ������ �� ���) �� ������ �������� �� ������� �������� �� ���� �������	���� �� �����: �� ������� ����� �� �� ������ �� ���� (�������) �� ������� �� ����� (��������) �� �� ���� �� �� ���� ���� ������� �� ���� ����, ������ �� ���� (������) �� ����� ���� ���

�� ������� �� �������������

'�� �������' �� ��� �������� �� ������ ���� ��:

���� ����: �� ���� ������ ������, ���� �� ���� �� ���� ���� ���

�����������: ���� ���� (�����, ����, ����) ���� �� ���, ��� �� ��������� ��� ����� �� ���� ����

����������: �� ��� ��������� �� ���� ����� �� �� �������� �� ����� ����� ���� ��, ������� �� ������������� �� �������� �� ������ ���

�� ��������: ��� �������� �� ����� ����� (The New Laya Code)

'�� ��������' �� ������� ���� ������� �� ������� ����, ����� �� ������, �������� �� ����������� ���� �� �������� ���� ��� �� �� ���� �� ���� ����������� �� ����, ����� ����, ���������� �� ������� �� ������ ������

1.������� �� �� ����: ������������ �� ��������

�� �� ���� �� ���� ������������ (50:50 ������) �� �������� �� ������ ����, ����� ���� �� ����� (������) �� ������� (�������) �� ���� �� �������� �������

����	��������	��������� ���
������� ������ (Gender Laya)	���� ��� ����� �� ����� �� ����� �� ���� ���� �� ������ ������� ������ ������� �� ���� ����� �� ����� ���� �� ������ �� ����� ���	�� ������� (�������, ������, �������) ��� �������� �� ���� �������� �������� �����

����	���������	��������� ���
������ ������ (Merit Laya)	���� �� ���� �� ���� �� ������ �� ���������� �� ����� ������ ����� ������ �� ����� ���� ����, ������� (�����) �� ������� ������ �� ���������� �����	�������� �� ���� �� �� ���������� ������� ������ ���� ������

����	���������	��������� ���
��������� � ����������	�� ������� ���� ���� ������ (����) �� ����� ��� ���� ����� ������ (����� �� ��������) �� �� �� �������� �������� ���� �����	����� �� ��� ���� ������� �� ���� ���� ���� ����, � �� ��������� �������� �� ��������� �����

2.�� ��� �� ������� (Laya Duties)

'�� �������' ��� ������ ��� ���, ������� ��������� ���, ������� ������� �� ���� �� ����� �� ���

�. �������� �� ������� �� �� (The Laya of Nature):

�������: �������� (��������) �� ���� ���� (������) �� ������ ����� ��������� �� ��������� ���� ������� �� ����� �� ����� ���� ���� ������

�������: ���������� ��������� �� ����� �������������� ����, � �� �������

�. ����� �� �������:

��������: ����, ������������ �� ������ �� ������ ������ ����� ���������� �� ������ ���� ������� ��� ���� ������

��������: �� ����� �� ���� �� �� ������� ����, ������� ����� �� ������ ��� ����� ���� ���

�. �� �� ������� �� ������� (The Duty of Wealth):

��������: �� �� ����� (������) ���� �� ��������� ������ ��, �� ���� ����� ���������� ������ (������� �� ���� �����) �� ��� �� �����

��������: ���� ���������� �� ���� �� �� ���� �� ������ �� ��� �������� ���� (���� ������, ���������, �� ���������)�

3.������ ������ ������� (Laya Education System)

������ �� �� ���� �� �� ������ �� ������� �� ������� ���� ��������

������ �� ����� �� ������: ������ ���� ���� (������) ���� �������, ����� ���, ����� �� ��������� ����������� (�������) �� �� ����� ������

���������� �����: ������� �� ���� ������ ����� ����, ����� ��������

�������, ���������� �� ���������� ����� ���� ����� ���� �� ���� �� ������ �������� �� �����

������� �� ����������: ��������� ����� �� ���� ������� �� ������� �� ���� ��������� ������� (��� 7) �� ���������� �� ������� ������ ������

4.����� ������� �� �� (The Laya of Justice)

����� �� ��������: ����� ������� �� ������ ���� (����� �������) ���� ����, ����� ����� (������) ���� ������

����: ��� ����� �� �������� ������ �� �� �� ��� ���� �� ��� ���� ���� �� ����� ���� ��� ���� ����� ���� �� �������� ����� �� ��� ����� ���� �����

������, ������ �� ��-�������
������ (The Code of Universal Laya)

�� ��� ������ ��� �������� �� ���� ������� �������� �� ������ ���� �� �� ����-����� ��� ������ ���������� �� �������� �� ������ �� �� �������� �� ������ ���� ���

1.������ �� ����� �� ������: ������ �� ��

������ �������� �� ������ �� ������ (Superiority) �� ����� (Inferiority) �� ���

��� ���� ����, ����� ���� ��� ������ �� ����� �� ���� ����

��� ������: �� ����� �� ����� �� '�����' (���� ����� ����, ����, �� ��� �� ����) ����, �� ��������� ������ �� ���� ������ ���� �� ����� �� ������ (����) �� ������� (�����) �� ��� ����� ������ �� ������ ���

�� ������� �� ������: �� �� ��� ����� ���� �� ������ �� ��� ���� ���� ����� �� �����, �� ��� ��� ��� �����(�����)�� ��� ��, ����� ��� ��� ��� �� ���� ���� ���, ����, ����, ���� �� ����� �� ���� �� ���� �� ���� ������ ������ �� �� �� �� ������� ���

����� ��������: ������ ����� �� ����� �� ������ ����, ��� ������� �� ����� ��� ������ �� �������� �����

2. �������� �� ���� �� ������� ���

'�� �������' ��������� �������� �� ������ �� ���� ���� �� ��� ������ ��� ���� ���

������ �� ����������: �� �����, ������, ��, ���� ��� ��� ������ �� ���� ������ ���� ���, ������� �� �������� �� ����� �� ���������� ��� �� ����� ���� �� ����� ����

���� �� ����: ������ ���� ����� (��� ����) ��� ����� �� ����� �� ��

����� �� ��� ���, ����� ���� ���� �� ����� �� ������ ��� ��� ���� ���� ������ ���

���������: �� ��� �� ����� �� ����� ��� �� ���� ��� �� ����� ���� �� �� ��� ��������� ��, �� ���� �����? ����-����� �� ��� ���� ���

��������� �� �����: ���� �� ��� ��������� �� ����� �� ������ ������ �� �������� ������ �� ����� �� ����� �� ����� ���� �� ��� �������� ���� ���

3.��������� �� ������ ����� �� ������ �� �������

��������� �� �����: ��������� �� �������� ������ �� ���� ��� ����� ���� �� ����� �� ������� �� ��������� �� �������� ���� ����� �� ����� ����� ����� �� �������� ���� �� ������ �� ����� �� ���� ���

�������� �� �����: �� ����� ��� �� ���� �� ���� �� ����� �������� �� ��� ���� ��� ����� �������� �� �� ��� ��� ����� �� ���� ��� ���� ����� �� ��� ����� (����� �������, �����, �������) ���� �����

4.��-������� ������: �������, ����� ��
����� �� �����

�� ������� �� ���� ���� ���� �� ������� �� �������� �� ����� �� ��� ��� ����� ���

�. ����-����� �� ���� �� ��:

����-������: ���� ���� �� ���� ���� ��, �� ������ ���� ������� ��� ������, ���-�����, ������� �� ���� �� ����� ���� ����� �� ����� �� ������ �� ����� ����� ����

��������: ���� ���� �� ���� ��� ��� ������ ���� �� ���� ����� �� �� ��� ����� ���� �� ����� ����

�. ������� �� ����� �� ��:

����� �� ����: ��� ����� ��� �����, �����, ��� ��� ������� ����� �� ���� ����

��������� �� ����: ������� �� ������� �� ����� ���� ������� �� ���� �� ���� ����� ���� ���� ���� ��-��� �� ������ ���, �� �� ��� ����� ���� �� ���� ����� ������ ����

�. ����� �� �� �� �����:

����� �� �����: ����� �� ����� �� �� ���� ��� ����� ����

��������� �� �����: ������ �������� �� ����� ���� ����� �� ������ ������� �� ����� �� ����� ����� ���

���� ��� ��� �� ���� ���� ��� ����?

������ ������ �� ������ �� ��������/'���� ��� ���' ��� ��� �� ���� �� ����, ����� ����� �� ����������� �������

1.���� ������ (���� ����������)

����� ����� ���� �� ������: �� ���� ����� ����� �� ����� ���� ���� ����� (���� ���������) �� �� ����� �� '����' (�����) �� ��� ��� ��� ���� ����

������ ����� �� ������: �� ��� ������ �������� ���� ������� �� ��� �� ���� �� ����� �� �������

������ �� ������: ����, ����, ���, �� �� �� ���� �� ��� ������� ���� ��� �� ����� ������ �� ��� �� ���� ����

2.���� ������� (���� �������)

���� �������� (�������� �����): ���� �������� ����� ���� ����� �� ���� ����, ����� ���� ���� �� �� �� ��� ���� �� �������� ���

������ �����: ���� ���� ���� �� �� �� ������ �� ����� ���� �� ��� ������� ������� (���) ����� �����

������ �����: ���� ���� ����� �� ����, ��������� �� �������� �� ������� ����� �� ������ �� �������� �� ���� �����

������: ��� �� ���� ����� �� ��� ������ ���� ��� �� ���� ������ �� ��� �������� ���� ���, �� �� ��-����� ���� �� ��� ���, ����� �� ���� ����� �������

��������: �� �������/'���� ��� ���' ���� �����, ���� �� ������ ����� �� ���� ����� ���� ��� �� �� �� ����, ����� ���������� �� ����� ������ �� �� �� ���� ���

������ �� ��� ������ (The Final Call)

��� (The Essence): ����� �� ��� ���� ��� ����� �� ���� �� ��� �������

������ �� ������: ���� �� ����, ���� �� ��� �� ���, ��� ����, ����, ���� �� ������ �� �� ����� �� ������ ���, �� �� ���� ������ ��� �� ���� ���� ��� ����� �� �������� �������

���� ��������: �� ���� ����, ���� ����� ����� ��� ����� ������ ������ �� ������ ��� �����, ����� ���, �� ������� ����!

���� ��� ���: �� ����, ������ �� �����

'���� ��� ���' ��� �������, ������������ ��������� �� ��� �� ������ ���� ���

����� ���������: �� ������ ��� �� ������ �� ������ �� ������ ����� ������ ���� ��, ������ ������ �� �������� ���� ������� ��� ������ ��������� ���� �� �������� �� ������ �� ������ ���� ����, ������ ��� ��-������� (�������) ������� ���

�� �������� ����: �� �� ����� �� ���� ������ �� ������� �� ���� (Creator) ��� ��� ���� �� ��� �������� ����, ����� �� ���� ��������� �� ������� �� ���� ������� ������ �� ������� �� ������� �� �������� �� ���� ��, �� ��� ���� ����� ��������� �� ��������� ���� ������ �� ������ �� ������ ���� �� ������� ��� ������ �� ���� ���

��������� �����: �����, �� ����� �� ������ ���� �������� ������� �� ���� ���, �������� �� ���� ��� ���������� ���� �� �� ������ ����, �� ��� �� ������ �� ������, ������� ����, �� ������ �� �� �� ��� ����� �������� �� ������� ��� ������� ���

����� ������: '����� �� ���� �� ��� ��� �����'

�� '�� ��������' /���� ��� ���/ ������ �� ����� �� ��� �� �� ����������� �� �������� ������, ����-����� �� ���������� �� ������ ���� �� ����� ����� ���� �� ���� ������� ��� ����� �� ����� ��� ���� ���� �� ������� ���

������:

������ ������ �� ���� �� �� ������ ��� '���� ��� ���' ���� ����� �� ����-����� ���� ��� �� ��, ������� ��� ���, ���� �����, ���� �����, �� ����� ��� ����� ���� ���� �� ��� �� '�������' ������ �� ������� ����

���7:

����-����� �� ������� (51 ���� ����):

1. ���� ��� �� ��������: �� ��� �� ��� 51 ���� ����

"��������� ���� �� ����� ������ ����� '����-�����' ���� ���"

�� **51** ��������� '��-������' �� �� ���������� ������� �� ������� ���� ���, �� ���� �� ������� ������� �� ������� �� ������ ������ (��) �������� ���� ��� ����� ����� ��� ��� ������ �� �������� ���������� ��� ���

�� 51 ���� ������ �� ��� ������ �� ������ ���, �� ������ ���� ����� ����� ��� ������� ���� ��� ���

���� 0: ������� �� ������ �� ����-����� �� �����

�� ���� ���� ��� ��� �� ���������� �� ���� �� ��� �� ����� �� ������� ��� �� ��������� ���� ��:

�. ����� �� ������ (Honour of the Title)

�������� �� ��� ��� ������: ����-����� (���� ������) �� �� ������ �� ����� �� �� ������� �� ���������� �� �������� ��� ���, ������� �� ������ ������ ���� ��� ����� ������ ����� �� �� ����� ������ �� ����� �������� �� ����-����� ���� ���� ���

���� �� ����: �� ����� ���� �� ��������� ����� �� ������ ����� �� ��� ���� ��, ����� ���� �� ����� �� ���� �� ����� ���� ������ �� ������ ��� ����-����� �� ����� �� ��������� �� ��� ���� �� ��� ������� ���� ���� �����

�. ���� �� ��������� (Supremacy of Logic)

������ �� ����: ����-����� �� ������ ��������� ����� �� ���� �� ��� ���� ���� �����, ����� ���� ���� ���� (������) �� ������ �� ����� ���� �� �� �������� �� ������� ���� �� ��� ���� ������

�������: ��� ����-����� ������ ���� ��� ��� �� ���� ���� ���� ����

(������) �� ����� �� ��� ���� ����� ��, �� ���� **�������** �� �� �� ��� **������** **�����** **����** ���� **������** (���� ���� ����/�����) �� ���� **���** **����** ���

1. ���������� �� ������� ��: �������� �� ���������

������ ���� �� �� ���������� �� ������ ��, ����� �������� ��������� ���� ��������� ���������� ���� ��� �� ��� �� ��� ���������� �� ���� ���� ���� ��� ��� ���� �� ������� �� ������ ��, ����� �� �������� ���� ���

������� �� ��������: '���� ���' �� ������� ���� ����-����� �� ����� ���� ��, ����� �� (Rhythm) �� ������ (Ratio) �� ���������� ���� �� ������ ���� �� 50 ������� �������� ���, ����� ���� ���� �� �������� ������� ������ �� ����� ��� �� ������� ���� ���

����������� ����: �� ������� ���� ���� �� ���� ������ ���� ����� ��� ��; ��� ���� �� ������� ������ ����� ��� ��� �����, ��� ������� �� ��� ��� ������ ���� ���� ���� �� ����� ��, �� �� �������� ����� �� ����� ������ �� ����� ����� (Inflexibility) ��-����� ���

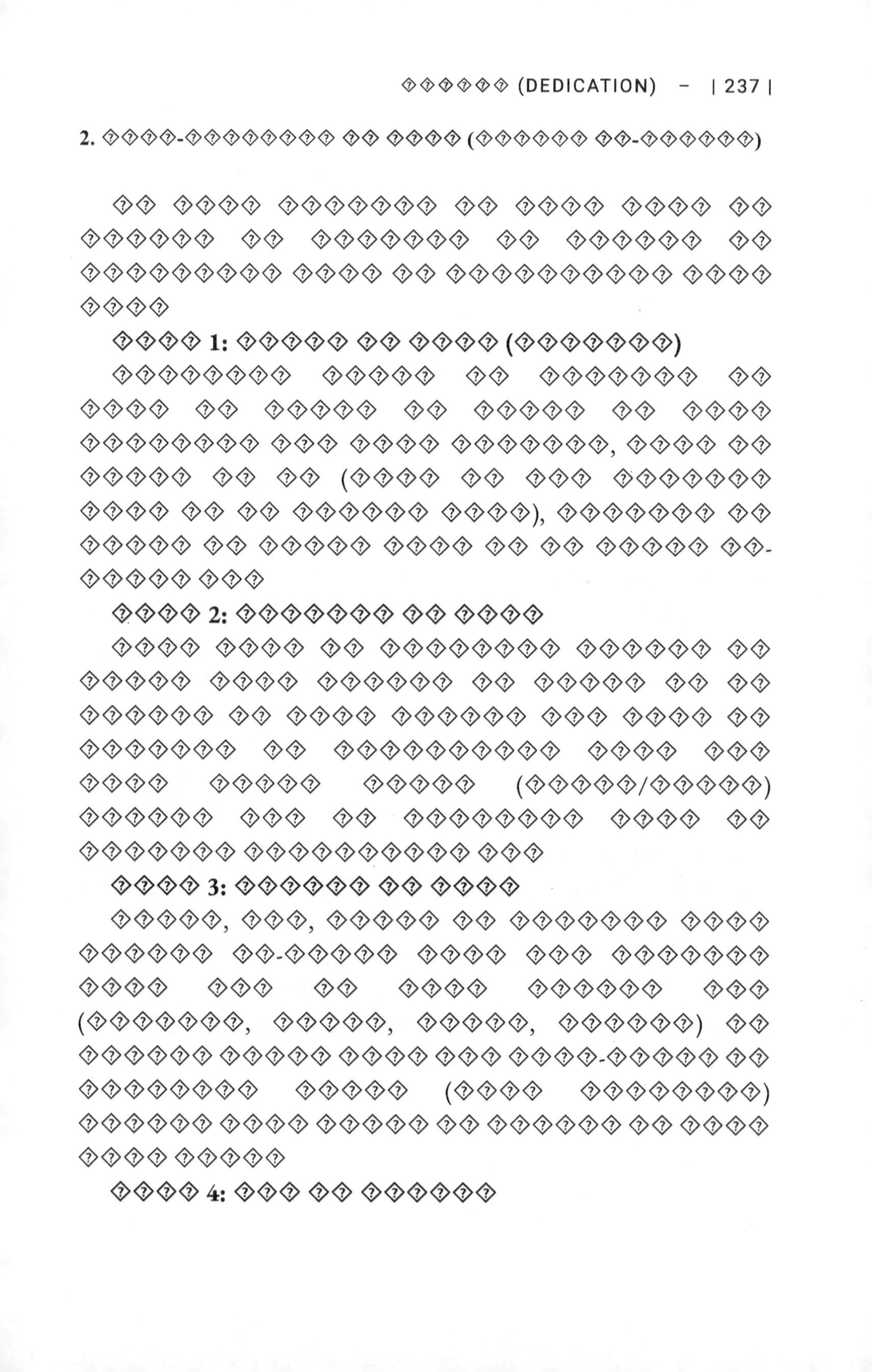

2. ����-�������� �� ���� (������ ��-������)

�� ���� �������� �� ���� ���� �� ������ �� �������� �� ������ �� ��������� ���� �� ���������� ���� ����

���� 1: ����� �� ���� (��������)

��������� ����� �� ������� �� ���� �� ����� �� ����� �� ���� �������� ��� ���� �������, ���� �� ����� �� �� (���� �� ��� ������� ���� �� �� ������ ����), ������� �� ����� �� ����� ���� �� �� ����� ��-����� ���

���� 2: ������� �� ����

���� ���� �� ��������� ������ �� ����� ���� ������ �� ����� �� �� ������ �� ���� ������ ��� ���� �� ������� �� ���������� ���� ��� ���� ����� ����� (�����/�����) ������ ��� �� �������� ���� �� ������� ���������� ���

���� 3: ������ �� ����

�����, ���, ����� �� ������� ���� ������ ��-����� ���� ��� ������� ���� ��� �� ���� ������ ��� (�������, �����, �����, ������) �� ������ ����� ���� ��� ����-����� �� �������� ����� (���� ��������) ������ ���� ����� �� ������� �� ���� ���� �����

���� 4: ��� �� ������

��������� ����-����� �� �����, ������� (�������) �� ����-����� (�������) �� ��� �� �������� ��� ������ ���� ���� ����� ����� �� ��� (Workaholism) ���� �� ���� ��-����� �� ����� ������

3.������� �� ����� ���� (����� ������)

�� ���� ��������� ���� ��� �� �� ����-����� ���� ��� ���� ��� ����� �� ������� �� ������� �� ���� ����

���� 5: ����� �� ������ (�������� ������� ����): ����� �� ���� ��� ��� ��� ����� �� ������ ��� ���

����� �� ���� ��: �������� ������� (����-���) �� ���� ������ �� �������� �� ������ ��� ������ �� ������ ����� ������� ���� �� ������� ��� ����� �� ������� ��-����� ����

���� 6: ������ �� ���� (�������)

����, ����, ���, �� �� ������� �� ���� �� ���� �� ������ �� ������ ���� ������ �� ������� �� �������� �� ����� ������� ��, ������� ��� ������ '����� ����' �� ���� ��� ���� ������ ������� ��-����� ���

���� 7: ����� �� ����

���� ���� �� ������� ��� �� ������� ��� �� ����� ����� (���) ����� ����� �� ���� �� �� �� ������ ��, ����� ���� ��� �������� (��-

�����) ����� ��� ����� �� ������ ����� ������ �� ��� �� ���� ���� ������

���� 8: ������� �� ������

�� ����-����� ���� ������� �� �� ������ ���� (Service) �� ������� (Conservation) �� ��� ������� ������ ������� �� ������� ���� (Holding) ���� ����� ��� �������� (��-�����) ���� ���� ���

4.�������� �� ���� �� ���� (���������� ������)

�� ���� ������� �� ���� ����� �� ��� ������������ ������ �� ���� ���� �� �������� ����

���� 9: ��������� ���� ���� ����

�� ����� ��� �� ���, ���, �� �� ������ ����-���� ��� �� ���� �� ������ ���� ���, ���� ����� �� ������ ���� ���� �� �������� �� ���� ���� ��� ���� �� ����� ���� ���

���� 10: ������ ���� (�� �� ������� �����)

������ �� ���� ���� ��� � �������� ���� ��, ����� ���� �� ����-��� (���, �����, �������) �� �������� ���� � ���� ��� ��� ��������� �� ����� �������� ���� �� ��� �� �� ����� ������ ��, �� �� �� �� �� �� ������� ������ ��� ���� ������

���� 11: ����� �� ����

����� �� ���� ����� (Creation) ���� �������� ��� �������� ����-����� ���� ���� �� �����, ����� ���� ������ �� ���� ��, ���� ���� ���� ���� �� ������ ����� (�����, ���, ����, �� ��� ��� �� ��� ���)�

5.���� �� ������ �� ���� (The Rule of Update)

�� ���� ���� ��� ��� �� ����� �� ���� ������ �� �������� ���� ����

���� 12: ������� �� ����

����-����� ���� �� �������� (Guide) ��, ���� ����� ���� �������� ���������� �� ����� ����, ����� ������ ����� ����� (����) ���� �� ��� ������� ���� ��� ��� �� ���� �� ���� ���� ����� �� �� '����� ���������' ���

���� 13: ����������� �� ����

������ �� ����� ��� ����� �� ����� ���� ��-����� ��� ��� ����� �� ������� (���� ���� �������� ����) �� ������� ���������� ���� ������

���� 14: ����� �� ������ �� ���� (The Eternal Rule)

�� ������� ���� ����� ���� �� ������ ���� ��� �����, ��� �������, ���� �� �������� ����� �� �� ������ �� ��� �� ��� ���� �� ���������� �� ������������ ��, �� ���� ��� ��� ��� ����� ������� (Amend) ���� �� ���

����� ��� �� ��������, ������� ���� �� �� �� �������� �� ������ ������ �� ���������� ����� �������

���� **15:** ����� ��������� �� ���� ���������� ��������(������, ��, ���) �� ������ �� ��� ��� ��������, � �� ������ ������� �� ��� ����� ����-������ �� �� �������� �� ���������� �� ��������� ��������(����� ���, ��������, �����) ���. ����������� ����� �� ����� ������ �� ������� ����� ������ ������� ������ �� ��� ������ ����� ��-������ ���

���� **16:** ����-������� �� ���� ��������� ����� ��������, ������� �� ������� �� ������ ��� �� ������� ���� ��������� ��� �� ����-��������� (self-awareness) ��-������� �� ����� ��� ��� ����-������� �� ��� �� �������� ��-������ ���

���� **17:** ����� �� ���� (������-������) ������ �� ���� ����� �������� ������� ��� �������� �����, ������ ���� ��������� �� �� �� �������� ����� �� ��� �� ������� ���������� ����� ��� �������� ������� (�����) �� ������ ������������� (������) ������ �� ��-������ �����

���� **18:** ����� �� ���� (������� �����������) �������� �������� �� ��������� ������ �� ���������� ������� ����� ������� ������ �����, ������ ������� ����� �� �� �� ������� ��� ������� ����� ������� ����������

������� �� ���������� ����� �� ������ ������� ����

���� 19: �������� �������� �� ���� ���� ��� ��� ���� �� �������� (��� �� ���) �� ������ �� ��������� �� �� ������ ������ �������� �� ����� ���� �� ���� ����� ������ ������ �� ��-����� ���� ���� ���

���� 20: ����� �� ���� (���� ���������) ��������� ����� �� ��������� ��� ������ ���� ����� �������� ����-����� �� ���� �� ��� �����, ���� ��� �� ���� ���� �� ������ ������� �� ����� �� ��� ��������� ���� ����� ����� ��� ����, ����� �� ������ ��� ������, �� ��-����� ���

���� 21: ������ �� ���� �������� ������ (���� ���� ��������� �� ��������� ��� �� ���) �� '����� ����' �� ��� ����� ��� ������ ���� �������� ��� ����� �� ������� �� ������� ��-����� ���

���� 22: ����� �� ���� ��������� ������ �� ���-���, ����-����� �� ���� �� ������� ������ ��� ������ ��� �� ������ ���� ������ ���������� ������ ������� �� �� ����� ���� ���� ������������ �� ��� �� ����� �� ��� ��-����� ���

���� 23: �������� �� ���� ���� ������ �� ���� ���� ������� �� ��������� ������� �� ����� ��

����� ���� �������� �������� �� ������� �� �������� ��, �� �� �� �� ����� ���� ������ �� �������� �� ��� ��� � ���

���� 24: ������� ������� �� ���� ��������� �� �������, ���� �� ����������� ������� �� ������� �� �� ���� �� ������� ������ ������ �� ��������������� �������� �������� ��-������ ���

���� 25: ���������� �� ���� ���� ������ �� ��������������� �� ���� ���� ��������� ��� ��� �� �������� �������� �������� ��� ��������� ���� ���� �� �� �� ������ ��-������ ���

���� 26: ��������� �� ���� �������� �� ������� �� ������� �� �������� �� ������ ��������� ������� ���� �������� ������� �� ������� ��� ��������� �� ����� �� ������� �� ������� �� ������� ����� �� �������� ��-������ ���

���� 27: ����-��������� �� ���� ������� �� ������ ������ �� ������� �� ���� ���� ���, ���� �� ���� ��������� �� �������� �� ��� ������� ��� ������ �� �������� ������� �� ������� ��� ����� �������� �� ������� ������� ���� �� �������� ���� ��-������ ���

���� 28: ������� �� ���� ������� �� ����������� ������� �� ������� ���� �� ���� ������� �� ������� �����

������� ���������� �� ������ �� ������� ������� ������� ��� ���� �� ��-������ ���� ���� ���

���� **29:** ���������� ������ ������ ���������� ��������� �� ����� ����������� �� ������� ������� ��� ���� ������� �������� ���� �� �������� ������������ ������� ��� ����� ��-������ ���

���� **30:** �������� ��������� �� ���� ������, ��, ���� �� ����� �������� �� �� ���� �� ��� ������� ��� �� ������ ���� ��������� ��� �������� ������ �� �� �� ��������� ���

���� **31:** ��� �������� �� ���� ��� ���-���� �� ����������� ������������ �� �� ������ ��� ���� ���� ������ �� ������� ���� �������� ��� ��� �������� �� ���� ���� �� ������� ���� ��-������ ���

���� **32:** �������� �������� �� ���� �������� ���� ���� �������� (Waste) �� �� ����, ���� ����� (Reuse) ���� �� ����������� (Recycle) ���� ��������� ��� ������� �� ������� ������ ����������� ��-������ ���

���� **33:** ������������ ������ �� ���� ��������� ����-������ �� ���� ��������� �� ������������ ������ �� ����� ����� �� ������ �� ������������ ������� �� ���� ���� �� ������ ���� ������ ������������

����� �� ��������� ��������� ��-������ ���

���� 34: �� ������� �� ���� �� ���� �� ���� �� �� ���� ����������� ����� � ������� ���� �������� ��� �� �� �������� �� �������� ��-������ ���

���� 35: ���� ������� �� ���� ���� �� ���� �� ������� � ���������� ���� ���� ��������� ��, ������� �� ����� ������� �� ������������ ������� �� ���� ��� ���� �� ������ ����� ��-������ ���

���� 36: ����� ������ �� ���� ����� �� ����� ������ �� ���� �� �������� ����� ������� �� ������ �� ������ ����� ����� �� ������� �� ���-�������� ������� �� ������� �������� ��-������ ���

���� 37: ������� �� ���� ��� ��������� �� ����� ������� (Compassion) ����� �������� ����� �������� �� ������ ���� ����������� �� �� ������� ���

���� 38: ���������� �� ���� ���� ��� ��� �� ��� ������ ������ �� ������� ������ ���� ��� �� �������� ������ �������� �� ��������� �� ����������� ��-����� ���

���� 39: ������ �� ���� ���� ��� ��� �� ��������� ��������� ����� �� ������ �� ������ ������ ���� �����

������ �� ���� �� ���� �� �� ����� ���� ��-������ ���

���� 40: ������ �� ���������� ������ ��� �� ���� �� ���� ������� ���� ���� ���� �� ������ �� ����� ����������, ������� �� ��������� ������ �� �� ���� ������ ����� �� ���� �� ��� ����� ���� ���

���� 41: ��������� ���������� �� ���� �������� ����-����� �� ���� ���� �� ������ ���� �� ����� ���������� ����, �� �� �� �� �� ������� �� ������ �� ������� � ���� �� ������ �� ������ � ��������� ��������� ���������� �� �������� �������� ����� ��-����� ���

���� 42: ������� �� ���� ���� ��� ��� ��� ������� ��������� ����� ���� �� �� ��� ������� ���� �� ������ �� ��� ���� ���� �����

���� 43: �� ���� �� ���� ��� ���� ���������� �� ��� �� ����� �� ���� ��, ����� ���� ����� ���� ����, ������, �������� �� ��������� ��������� �� ��� ����� ��������� ��� �� �������� ���� ��-����� ���

���� 44: �������� �� ���� ���� ��� ��� ������������ �� �� ������ �� �� ������ �� ����� �� ���� ������� ���� �� ��� ��������� �������� �� ������������ �� ������ ������ �������� �� ��� �� ����� �� ����� �� ��-����� ���� ������

���� 45: ������������� �� ���� ��� �� ������� ��� �������� �� �������� �� ����� �� ���� ������������� �� ������ �� ��� ������, ���� �� �������� �� ���� �� ������� �� ��� �� ����

���� 46: ������ ������� �� ���� ���� ��� ��� ���� ������, ����� �� ���� �� ����� �� ������������ ����� ���� ������ �� �������� �� ����������� ��� ���� ������ �� ����� ���� �� ������ ��-����� ���

���� 47: ���������� �� ���� ���� ��� ��� ���� ��� ����, ���������, ����� �� ����������� ����� �� ����� �� ����� ��������� ������ �� ��� ������ ��� �� ����� ������

���� 48: ��������� �������� �� ���� �������� �� ������������ �������������� ���, ��� �� ��� ����� �� ����������� �� ���� ���� ���, ���������� ���������� ������ �� ������ �� ������ ����, ����� ������ ������� �� ������ ������ �� �������� ���� ���� ������

���� 49: ����-��� ����� �� ���� ���� ��� ��� ���� ������������ �� ������ �� ��� ���� �� ���������� ����� �� ������������� ����� ���� ���� ��� �� ����� �� ������ ��� ���� ����� �� ������������� �������� ��-����� ���

���� 50: ����-������ �� ����

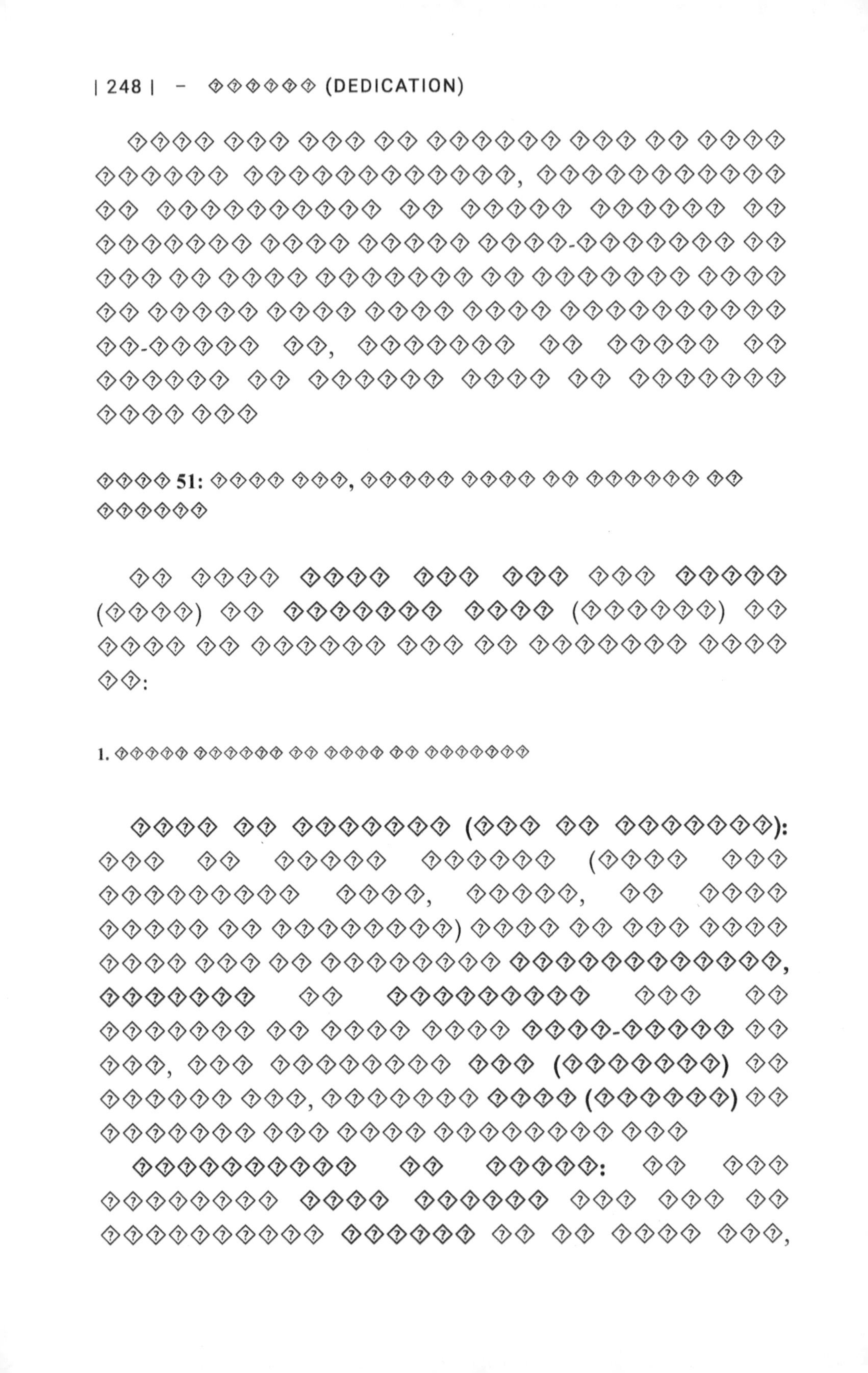

���� ��� ��� �� ������� ��� �� ���� ������ ������������, ����������� �� ���������� �� ����� ������ �� ������� ���� ����� ����-������� �� ��� �� ���� ������� �� ������� ���� �� ����� ���� ���� ���� ���������� ��-����� ��, ������� �� ����� �� ������ �� ������ ���� �� ������� ���� ���

���� 51: ���� ���, ����� ���� �� ������ �� ������

�� ���� ���� ��� ��� ��� ����� (����) �� ������� ���� (������) �� ���� �� ������ ��� �� ������� ���� ��:

1. ����� ������ �� ���� �� �������

���� �� ������� (��� �� �������): ��� �� ����� ������ (���� ��� ���������� ����, �����, �� ���� ����� �� ���������) ���� �� ��� ���� ���� ��� �� ��������� ������������, ������� �� ��������� ��� �� ������� �� ���� ���� ����-����� �� ���, ��� �������� ��� (�������) �� ������ ���, ������� ���� (������) �� �������� ��� ���� ��������� ���

���������� �� �����: �� ��� �������� ���� ������ ��� ��� �� ���������� ������ �� �� ���� ���,

������� �� ���� �� ���� ���� ����� �� ��������� �� ���� ���� ���:

- ◦ ���� ������ ����� (����-�����) �� ������� ���� �� ����
  ◦ ���� ����������� (��) �� ��� ����
  ◦ ���� ���� (���) �� �� ���

2. ���� ��� (���� �� ����� �������)

- ���� ��� �� ��� ����� ����� ��, ������ ���� (���) �� ���� (����) �� ���� ���� ���� ���
- **����:** ����-����� �� ��� ���� ���� ����� ��� �� �� ����� (������) �� ����� �� �������� (�������) ���� �� ������� ������ �������� ���

3. ������ �� �������� (������ �� ����)

������ �� ����������: ���� ��� ��� ��� ���� �� �������� ������� (���� ����-����, ���� �� ���� �� ������������) �� ������ ���� ���� ���

���������� ������ �� �����: ������ (������) �� ����� ���� ���� �������� ���������, ����� ��������� �� �������� ��� ���, ������� ������ ��� ���� ���� �� ���� ���

������� �� �����: �� ��������� ���� ������ ��� ��� ����� ����� ����� ������� �� ������ �� ����� ������ (�����) ���� ���

���� ����: ���� ���� ���� ���� (����) �� ��� ����� ��� �� ����� ��, �� ���� ����� �� ���� ����� ���

���-��������� �� ����� ������� ������

'����� �� �������� �� ������� ���' – ��� �������� �� ������������

����� �������� ���� �� ������ �� ����� ���� ����, ����� ���� ����, ������� ������ �� ����� ��� �� ���� ��� �� ������� �������, ���� �� ������� �������� ��� ��� �� ���������� ����, ����� ������� �� ��������� ���� �� ������� �� �� ���:

�������/ ������	��� ������� ��������� **(Original Scientific Intent)**	�� ������� �� ��������
���- ������� �� ����	�� ��������� ����������� � ������� (������, ����������), ���������, �� ������ �� ���� �� ����� ��� ���� ���� ��� ���� ��� ����� ������� ������ (Detox) �� ��� ��� ���� �� ��� ���� �� ���� �� ����� ���	�� ������� �� ���� (���) �� ������� (������� �� �����) �� ��� ������ ������ �� ��������� ������ ��� ������ ����������� ����, ����� ������� �� �� �� ������ ����� ���� ���� ������

�������/ ������	��� ������� �������� (Original Scientific Intent)	�� ������� �� ��������
�����, ����, �� �����	�� ��������� �� ����� ��������� (�������) ��� ����� ����� ���� �� ���� ���� �� �������� ����� ����� �� ������ �� ��� �� ������/ ����� �� ��������� ���� �� ���, ����� ������ ����� �������� ���	�� ����� ������� �������� �� ��� ���� �� ��� ����� ����� ��������� ���� �������� �� ������ ����� (���� �� ����� �� �����) ���, � �� ������� ���� ���� ������

�������/ ������	��� ������� �������� (Original Scientific Intent)	�� ������� �� ��������
����, �����, �����, �� ��������	�� �������� �� �������� �������� �� �� ������ �� �������� ����� �� ����� ��� �� ��� ������ ���� �� ������ ��� �� ���������� ��� �� �������� ���� �� ����� ���� ����	���� ��� ������� ����, ����� ������ ����� ��� �� ���� ������ �� �� �� ������� ����� �� ���� ���, ����� ������� ��� ���� ���� �������� ���� �� �� �������

�� ������� �� �������:

���� �� ��������� �� ���� ������ ����� ��� ���� ���� ��������� �� �����, �� ������� ���������� �� ��� ����, ����� �������, ��������� �� �������������� ������ �� ��� ���

���� ���� ���� ����-����� �� ���� ����� ���� �� �������� ���� ��, ����� ���� ����, ��������� ������ �� ����� ����, ������ ���� �� �� �� ����� ��� ����� ���� ���

'���� �� ������' – ����� ����, ��������� �� �� ��

�������� ����-����� �� �� ����� ������ �� �� ������ ������ �� ������ ���� ��� �� ����� �� ������ ��� ����� ������ ������ ���� ���� ����, ����� ���� ����, ������� ��� �� ��������� �� ���� �� ����� ���� ���

������� �������, ���� �� ��� ������� �������� ���������� ���� ���, ����� ������ �� ����, ���� �� ��������� �� �� �� ����� �� ��� ���� �� ��������� �� ������� ��������� ��, �� ��� �� ��� ����� �� ���

������ �� �������	��� ������� �������� **(The Original Scientific Intent)**	�� ������� �� ��������� �� �������
1. ���� �� ����� (Fasting)	������� �� ����� ��: ����� ��� ��� �� ���� ����� �� ���� ����, ���� �� ��� ����� (Detox) ���� �� ��� ��������� �� ��� ���� �� ����� �� ��������� ������ �� ���������� ����� ���	��������: ���� �� ���� ����� �� ������� ���� �� ��� ���� �� ��� � ����� ��� �������� �� ������ ������ �� �� ������� ���� �� ��� ��� ����� ��� ������� ����, ����� �����

������ �� �������	��� ������� �������� **(The Original Scientific Intent)**	�� ������� �� ��������� �� �������
2. ������� �� ����� (Festivals)	���� �� ������� ��: ������� ������� ��� ���� �� ��� ����, ���� �� ������� �������� �� ��� ���� �� ��� ��� ������ (Solstices) �� ��������� (Equinoxes) ���� ���������� � ������� �� ���� ��� �� ����� �� ����� �� ������� ���� �� ��� ���	��������: ������� �� �������, ���� �� ���� �� ��� ������ ��� ������� �� ���� �� ����� ���� ������ ���� �� �� ������� ���� ������ �������� �� ������ � ���, ��� �� ���� �� �� �� ����� ����

������ �� �������	��� ������� �������� (The Original Scientific Intent)	�� ������� �� ��������� �� �������
3. ������� ��������� (�����/ �����)	�������� �� ����� ��: �����/���� ���� �������� �� ����� �������� (������) �� ����� �� ���� ��� ����� ����� ���� �� ���� ���� �� ����� �� ����� �� �������� ���� �� ���� �� ������� ����� ����� �� ����� ���� ������ ����� �� ����� ��������	��������: �� �������� �� �������� ���������� �� ������ ���� �� ��������� ���� �������� ����� (�� �����) ���� ���� ����, ����� ������� �� ������� ����, ����� �� �� �� �� ���������� �� ���� �� �������� ���

������ �� �������	��� ������� �������� (The Original Scientific Intent) �� ��� ������ ���� ���	�� ������� �� ��������� �� �������
4. ���� �� �������	����� ������: �� ����� �� �� ��� ������� (����, ����� ���) ���� ����� �� �������� ����� �� ������� �� ���� ��� �� ���� ������ ��� �� ���� �� ���� ���� ������� ��� �� ���� ������ �� ����� �� �� ����� ������ ������ ���	�������: ������ �� ������� �� ����� ����� ���� � ������ ��� ��� ���� ���� ������ ��� �� �� ���� ��, �� ��� ���� '������ �����' �� ��� ��� ������� ����� ����� ���� �� ����� �������� ��, ���� �����

����-����� �� ��������� ����: ������ �� ������

����-����� �� �� ����� ����� ��: "���� ������ �� ����� ���� ����� ���� ������ �� �������� ���� ��� �� �� ����� ���� ���, �� �� �� ���� �� ��� �� ����� ���� ���� ��� ���� �� ���� �� ���� �� ����� ����� �� ���� ����"

���� ��� �� ����� ������ ��������� ��� ��� ������ �� ������ ��� ���� � �����

���� ������� ��:

���� �� ���������: �� ������ �� ����, ������� ���� �� ��������

���������� �� ������: ��������, ������� �� ���������� �� �� �� ����� ���� ����

���� �� �� ����� ����: ���� ���� ����� ���� �������� �� ����� �� ���� ��� ������

�� ���, �� ���� �� ����� ��� ����, ���� ��� �� ����� ����, ���� ��� �� ����� ��� �����, �� �� �� ����� �� ���� �������

����� �� ������ �� ����� �� ����

����-����� ���� �� ���� �� ���� �� ���� ����� ������� ��� ��� ������� ����� ���� ����� �� ��������� �� ���� �� �����, �� ������� ��������

�� ��� ���� �� ������ �� ����� ��� �� ��������� ���� ����

1.���� �� ����� �� �������: ���� ����� �� �������

���� �� ����, ��������� �� ����� �� ����� �� ���� ���� ���� ������� ����, ����� ����� �� �������� ���

����	������� �������� (Illusion)	�� �������� �� �������� ����
����/ ����� �� ��	��� ����� ����� ���� �� ��� �� ��������� ���� ��� ���� ���	������� ���, �� ����� �� ���� ���������� ����� �� �������� ���� ���� �� �� ������� ���� ���, �� ���� ��������� ����� ���� ��, �� �� ���� ����� �� ����� ���������� ����� �� �������� ���� ���� ���� ����

����	������ ������� (Illusion)	�� ������� �� ������� ����
������� �� �����	��� ����� �������� ���� �� �� ����� ���� ��� ���� ����	������� �� ������ �� ���� �� ��� ����� ������� ���� ���, ������� ���� ������� �������� �� ���� ���� �� ����� ��������� ����� �� ����� (Density of Energy) �� ���� ���

����	**������ ������� (Illusion)**	**�� ������� �� ������� ����**
������� �� �����	����� ���� ��������� ����� ����� ���� ���� ����	�� �� ��������� ��� ������ ���� ���, �� �� ���� �� ����� �� ������� ���� ���� �� ����� ��� ���� ������ �� �� ������ �� ���� ���� �� ������ ����� ���� ���� ��� ���� �� �� ���� ��� ������ ��� ����� ���

2. ���������� �� ����: ����� �� ����-������

����� �� ��������: ������-����� �� ���� ����� �� ����� ���� �� �������� ���� ��, ������� �� ����� ��� �� ����� (����/����) �� ��� ���

����� �� �����: ��������, ��� �� ���� ����� �� ����� ���� �� ���� ���, �� ��� ������� �� ����� �� ����� � ������ �� �� �� ��� ��� �� ����� �� �������� �� �� ���� �� ��������� �����, �������, ����, ���� �� ����� �� ����

��� �� ���: ����-���� ��� ���� �� ����, ������� ���� ����� ����� ���� �� ���� ��� �� ��� �� �� ���� �� ���� ����� ���

������: �� ����� �� ��� ����� ��� ������ ���� �� ��������� ����� (�� ������ ����� �� �������� �� ��� ��) �� ���� ���� ������ ���� �� ������ ����� �� ����� �� ����� �� ����� ��� ����� ����� ���� �� ���� ���� �� �� ��� ������ �� �������� � ���

������: ���� ���� �� ����� ��� ���� ������ �� ����� ����� �� ����� �� ����� �� �������� ���� �� ���� �� ��� �����

3. ��� ����: ����� �� ����� �� �������� �� ��������

�� ��� ����� �� ���� ���, ����� ��� ����� ��� �� ������� ���, �� ���� ��� ����

����� �� ������: ����-����� ����� �� �� ��� ���� (����/����) ���� ��� ���� ��; �� ���� ���� �� �����

��—���� ����, ���� �� ����� �� ������ ���

���������� �� ����������: ����� ��� ���� �� ��� ����� �� �� ��� ������ �� �������� ��, ����� ���� �� ��������� �� ��� ��������� ����� ��� ����� �������� �� ����, ����� ����� �� �������� ����� ��� ���� ����� ����� ������������� ��� ����� ���� �� �

���� �������: �� ����� �� ����� ����� �� �������� ���� ����� �� ���� ���� ���� ���� �� �� �� �����, �� ����� �� �� ��� ����� �� ��� ������ ��� �� ��� ����

4. ����� �� ��� ���� (The Dualistic Rule)

��� ���� (�����) �� �� ����� ������ �� ��� ����� ���—����� �� ����, ��� �� ����, ��� �� ����� �� ������ ��� ����� ���� (Dualistic Rule) �� �������� ��:

'�� ������� �� �� ���� ���� ���� �� ���� �� ����� ������ �� ����, �� ���� � ���� �� ��� ���� ������ �� ������� ��� ��� ����, �� ���� �� �� ��� ���� �� �����'

����-����� �� ���������: �� ����� �� ������� ����� �� �� ������� ����� �� ����� ��� ����, ����� �� ��������� �� ���� ���� ���� �����

������: ���� ������ �� ������ ����, ������ ��, ���� ��, ��� ��, ��

������ ������ �� ������� ��� �� �������� �� �� �������� �� ��� �����-����� ������ (�����/���) �� �������� ���� ������� ���

�������-������ �� �������� ����
�� ��� ����� ������� �� ���������� ������ �������� �� ����� ����� �� �������� ���������� �� ������� ���

������� �� ��������� (��������� �������)

������� �� ����: ��� ������� �� ������� ������ ���� (�������, �����������, ���) �� ����� ����� ��������� ���

������ �� ���������: ���������� �� ����� ������ �� �������� ����� �� �����, �����, ������, �� ����� �� ����� �� ��������� ����� ������ (��������������/������ ������ �� �������)�

���� �� ����: ��� �� ���� ������� �� ���������� ��������� �� �������, ���� ���� �� ������� �� ������� �� '������ ����' �� ������ ����� ���

������� '����-�����'

������� ������ �� �������: '�������' ���� ���� �� ������� �� �������, ���� ���� ������� (������, �������,

����, �����) �� �������� ����� ���� (����� �� ������) �� ���������� �� ���� ���

������ �� ���: ����, ����, ��� �� �� �� ���� �� ��� �� ��� �� ����� ��-����� ���� ����� �� ������ ������� �����

������� ������� �� �������

��������� �������� �� �����: ��� ��� ���� ������ �� ��� ���� �� ��������� �������� �� ���� �������

����������� �������: ��� ����� �� ������ ���� ����������� ����� (������ �� ���� �� ��� ���� ����) �� ������� ������� �� ������ ������� �� ��������� ��� �������

������� �� ����: ����, ����� �� ������ ������ �� �� ��� �� ������� ���

������

���� ��� ��� ���� ������ �� ������ �� ���� ���� ��� �� ������� ����, ������� �� ����� �� ������ ����� �� ������ ��� ����� ��� ������ ���� �� ���� �� ����������� �� ����� ����� ��, �� ����, �� �� ����-��������� �� ����� �� �� ������ ��� ���

���� �� �� – ������, ������� �� ����� �� ������

�� ��� �� ������� ���� (Laya Man) �� ����� ���� �� ����-�����, ����, �� ���-��� �� ������� (Rights), ������� (Duties) �� ������ (Powers) �� �������� ��� ������� ���� ��� �� ������ ������� �� ������� ����������� �� ��������� �� ����� ������ ������ ���

1. ����-����� �� ��: ������ ����� �� �������

������ �� ������ �� ���� ��� �� ��� ���, ����� ������� ������� (����) �� ������� (�����) �� ������� ��� ���� ������ ���

����	������� (Right)	������� � (Duty)	����� (Power)
�����	������ �����-�������� ���: ���� �� ����� �� ����� �� ������ ���	����� �� ����� �� ��������: �� ����� �� ���� (�������) �� ����� �� �����, ������� ��� �� ������� �	����� ����� (Willpower): ������� �� ���� ��� �� �����, ���� ����� (����) �� ���� ������� �� ���� �� ������

����	������ (Right)	������ � (Duty)	����� (Power)
��� (Emotions)	��� ����� �� �����: �����, �����, ���� ��� ��� ����� �� ����� ���� �� ������ ���	����� �� ������� ��: ������� �� ���, ����� �� ����� �� ���� ������ �� ����, ������ ���� ���� ���� (��� 5)�	����� ���� ������: ����� ����� (�����/ �����) �� ��� ������ ����� ����� �� �� ����� �� ������

����	������ (Right)	������� (Duty)	����� (Power)
����	����� ����� ����: ������ �� ����-����� �� ��� ���� �� �������	���� �� ������ �� �������: ���� �� ������ �� ����� ���� �����, �� ������� � ����� (���� �� ���� ��) �� ����� �����	��� ������� �: ���� �� ����� �� ���� ��� �� ������� �� ���� ��� ����� �� ������

2. ���� �� ��������� �� ��: ���� �� �����

���� ��������� �� ����� ��� ��� ���� ���� ������� �� ��� ���� ���

����	������ (Right)	������ � (Duty)	����� (Power)
����	����� ���� �� ������: ������, ������ �� �����-�� ���� ������� ���� �� �������	���� ���� �� �������: ���� �� ����� ����, ����� ����� ����� �����-�� (����, �������, ������� ��) ���� �� ������� ��� ���� (��� 6)�	���-������� �: ������� ���� �� ����-����� �� ������� �� �� ���� ���� �� ������

����	������ (Right)	������ � (Duty)	����� (Power)
����� ����	����� ������� �� �� ������: ������� � ���� �� ������� � ���� �� �������	���� �� ������ �� �������: ������ ����� (��� 5), ���- ����, ���� �� ����� ������ �� ���� �� ��� �����	����� ���: ���� �� ������ �� ���� �� ������ ������� �� ���� ������� (��) �� ������ �� ������

����	������ (Right)	������ � (Duty)	����� (Power)
����� ��	����� � ������� �� ������: ������ ���, ���� �� ������� ����� ������ ��� ���� �� �������	����� ��� ������� �� �������: ������� �� ���� �� ����� ����� ���� ��- ��� �� ������� �� ������� �� ����� ���� ����� �����	����� �� ������: ������� �� ������ �� ���� ������ �� ���� �� �� �� ������� � ���� �� ������

3. ���-��� �� ����� �� ��: ������� ������

������ �� ������� ��� ��� ���� ������� ���� �� ������ �� ������ ���� ������

����	������ (Right)	������ � (Duty)	����� (Power)
�����	����� �� ������: ���� ��� ��� �� �����, ����� �� ��� ���� �� �������	����� �� ��� ������: ��� ����� ��� ������� � �� ������ ����� ������� ����� ������ �� ����� �� ����� �����	����� ����� �����: ���� �����, ����� �� ��� ������ ����� �� ����� �� ����� �� ����� �� ������

����	������� (Right)	������� � (Duty)	������ (Power)
����� ��	���� �� �� �� �������: ���� ���� (������� �) �� ������� �������� �� ������ ��������	���� �� ������ �� ��������: �������� �� �������� � ��� �� ���� � ����, ����� �������� � �� ���� �� �� ���� �� ������� ��� ����� (��� 6)�	������ � ��������: ������� �� ���� �� ���� ����� �� ����� �� ��� ���� �� �������

����	������ (Right)	������ � (Duty)	����� (Power)
����� �	����� � ������ �� �������: ����, ���� �� ���� �� ���� �� ���� ���� ���-��� �� �� ������� �� ������ ���� �� ��������	����� �� ������� �� ���������: ������� ����� �� �������� �� ����, ������� �� ������� �� ��� �������� ��� �� ��������	����� �� �����: ����� ������ �������� ��� �� ���� ����, ����� �� �������� � �� �������� �� ������

������ ������� �� ���� �� ��������� ��������

�� ��� ���� �� �� ���� ���������� �������—������/������ �� ���� (����)—�� ������ (����/����) �� ������� (�����/���������) �� ������ �� ��������� �� ������ ���� ���

1. ������� �� ��: ������ �� ���������

'�� ��������' �� ���� �����, ��� �� ����� �� ��������� ����� ��, �������

�� ���� �� �� (���������� ��������) �� ������ ���� ����� ����� ���� ���� �� ��������� ���������� ���

������	���� (������ �� ����)	������ (�� �� ������)
�������� ����	�����, ���, �����: ��� ����� �� ���� ����, ������� ����� �������� ���	�� ��������� ��� �� ���� �� ����� ��, �� �� �� ����� ���� ���
�������� �	��������� ��� �� ����� ������: ��� �� ��, ���� ������, ��� �� ���� �� ��� ���� �� ���� ���� ��, �� ��������� ���� ��������� ���	���� �� ��� ���� ����� �� ������ �� ���� (����-�������) �� ���� ��� ��������� ��� �� ���� �� ���� '�� �������' �� �������� �� ������� ���

�������: ���������� �� ��� �� ���������� ���� �� ����� ����� ��� �� ������ � �� �� ����� �� ������ (����� �� ���) � ��� �� ������ ��� �� �� �� ��������� ���� ���� ��� ��� ������ �� ������ ���� �� ����� �� ������� ���� ���

2. ���� �� ��: ������, ������� �� ����� �� ��������

'�� ��������' ���� �� ���� ������� ������ �� ��� ��� ����, ����� ����� ������� �� ��� ��� ����� ���

�. ���� �� ������ �� ���� �� ��������:

��������� �� �������: ���� �� ��� �� ���� �����, ���� �� ��������� �� ������ ���� �� ������� �� ����� �� ���� ���� �� ���������� ���� �� �� '�� �������' ���� �� ������� �� ��������� �� ��� ������������ � ����

���� �� ����� (Contribution Theory):

����� ��� (���������): ���� �� ��� �� ���� �� ����� �� ���� �� ����� ���� ������ ��� ���� �� �� ��� �� ����� �� ���� ������ (����� ��) �� �� ���� ������, ������� �� ����� ���� ���� ������������ (����� ����) ������ ���� ��� ���

����� ��� (�����������): �������� ������ ������ ��� ������ ������ �� ���� ���� ������� ��� ���� �� ��� ����� �� ������� ���� �� �� �������

���������: ������������� (���������/ �������) �� �� ���� �� ������� �������, ��������� �� ������ �� ��������� ���� �� ����������� �� ������� ��� �� ������ ���

�. ���� ��� ������ �� ������� �� ������:

��� ������� ��� ��� ��� ���� ��������� ��, �� ���� �� ������� ������ ���� ���

���� �� ������	����� �����	�� ������	������
����� ���� (�������/����)	����� � (������ �)	����� � �� ��� ������ ���� ���	�� ���� �� ����- ���� ����� ���� ��, ����� �� ���� �� ����� ���� �� (����� �� ��� �����)�

���� �� ������	����� �����	�� ������	������
�� ���� (����/ ���)	����� �� (���/ �����)	����� �� �� ��� ������ ���� ���	�� ����� �� ������ ����� ��, �� ���� ��� ��� ��� �� ����� ������� ���� �� (������� ���� �� ����� �� ������� � �� ��� �����)�

������: ���� �� ������ ����� �� �� ���� ������ ���� ���� ������ �� ������� �� ����� �� ������� ���� ��� ���� �� ��� ����� �� �������� �� ������ ���� �����, � �� ������� ������ ���

����������� �������� ��
��������� �����

�� �� ����� �� �������

���� �� ��� �� ������ ���� ������ ����� �� ���� �� ������������� ��� �� ��� ���� ������ ��:

������ (Ego): ������ �� ���� ������ �� �� ��������� ���� ���� ���� ��� ����� ����� �� ������ �� ������ ����� (���������) �� ������ �� ������ ���

����� (Inertia): ����� �� ������ (����) �� �������� ������ ������ �� ����� ���� �� �� �� �������� ��, ����� ���� ��� ������ ����� ��� ��������� ���� �� ���� �� ���������� ���� ���

���-��� (Excessive Desire): ���-��� �� ������� �� ����� �� ���������� ���� ������ �� ������ �� ���-��� ����� �������� �� ������ ������� ���� ���� ���

���� �� ������ �� ������ ������

1. ���� �� ��� ������ ������ (Laya Goals)

������ �� ���� �� ��� ������ ������ �� ������ ���� �����:

������ (Goal)	������� ��	�����
������ (Health)	������� ��: ���� �� ������, ��� �� ������� �����	��������: ���� ���� (��� 19) �� ��������� (���� �� ����� �����)�
����� (Wisdom)	������� ��: ������ �� ��������, ����� ����� �� ��������� �����	��������: ���� �� ���������� ���������� �� ���� �� ������ (����� �� ���������)�
������� (Prosperity)	������� ��: �� �� ���� �� ��������, ����� �� ��� �����	��������: ���� �� �������� �� ������ ������� ������� ����� (������ �� ����)�

������ (Goal)	�������� ��	�����
���� (Contribution)	�������� ��: ���� ��������� (��) �� ����� ���� �� ������� ��� �����	��������: ���� ������ (�������) �� ����� ��, ����� �� �� ��� ���������� ������� �����

2. ������ �� ���� (Measuring Laya)

����� ��� ������� �� ���� �������� �� ����, ����� �������, ������� ���������� �� ����� ���� ������:

������ 1: �������� �� ��������: ����� �� ����� �� ��� ��� ���� �������� �� ������� �� �������� ��� ��� ����� (������� �� ���� ������)�

������ 2: ������������� �� ���: ����� ������� �� ����� �� ������� ���� ��� ���� ���� ���� ��� ������������� ���� �� ���� ���� ���� �� ��� ��� ��� ��, �� �� ����� ��� ���

������ 3: �������� ���������: ��������� ���������� �� ����� �� ��������

������ 4: ������������: ��������� �� �� ���� �� �� ��������� �� ����� ����

�� ������ ��� ������� (������� �� ������� ����)�

���� ��������: 7-����� ����� ����

1. ��������� ������� �� ���������: ����� �� ����������� ����

����	���� ��� �� ���������	������ (Mysticism)
���������	���� ����� ����� �� ����� �� ���� ������ ����, ����� ���� ���� �� ������ ������ (��-�����) �� ��� �����	������ (�������) �� ������� (�����) �� ����� �� ������, ����� �� ������ (����) �� ��� ��� �����—'��� �������' �� �������

����	���� ��� �� ���������	������ **(Mysticism)**
����	��������� �� �� �� **20** �� **40** �����	�� ��� ���� ����� �� �����, ����� ���� (External Noise) �� ����� ���������� �, ���� �� (Cosmic Rhythm) ��� ������� ���� ���
���	���� ����, ��� ����� ���� ���� �� ������ ���� �� ������ (����) �� ������� ������ ���� ���	���� �� ������� �� �� ������� �� ������� ��—������ �� ���������� ��� ������� (������� �� ���) ����� �� ���� ���

2. ����� �� ������ 7-����� ������� ����

�� ��� �� ��������� ���� ������ ��-����� �� ������� �� ��� ������������ ������ (Ratio) �� ��� �������� (Align) ���� ���

��� 1: ��-����� ������ ������ (������ ������ �� �����)

���� (Method)	���� ��������� (Mystical Interpretation)	��������� �� ����� (Practical Tip)
����	����� ��� ����� ����� �� ����, ���� �� ������ ������ �� ������� ������ ����: ���� **4** ����� ��� ���� ����, **8** ����� ��� �����, **16** ����� �� ������, �� **4** ����� �� ��� ������ ������� ���� �� ��� ������ �����	����� �� ���� �� �� ��� �� ����� ������� ���� ��, �� ����� ����� ���� �� ������ �� �� ���� �� ����� �� (���������) �� ���� ����, ������ �� (�������) �� ������� ���� ����

���� (Method)	���� ��������� (Mystical Interpretation)	��������� �� ����� (Practical Tip)
��������	�������� �� ��� (��������) �� ���������� ���� �� ��� ���� ���� (�������) �� ����� �����	��� �� ����� ��, �� ���� ��� �� ���� �� ���-���� ���� ���� �� ������ �� ������� �� ����� ��������� ����� ���� ����� ����� �� ���� ��� �� ���� �������

��� 2: ���-����� (������� �� ���� �� �����)

���� (Method)	���� ��������� (Mystical Interpretation)	��������� �� ����� (Practical Tip)
����	����� ����� ���� ��, ��� ����� ��������� (����, ��������) �� ������ ��������� (����� ��� ����� ����, ���� �� �����) �� �����, ����� ����������� � � ����	�� ������� ���� �� ������� �� ����������� ��� �� ������, �� ����, �� ����� ������� �� �� ����� ��� �� ����� ������ ���� ����� �� ������ �� ����� ����

���� (Method)	���� �������� (Mystical Interpretation)	��������� �� ����� (Practical Tip)
��������	�� ����� �� �� ���� �� ������� ��� ���� ���, ����� �� ����� ���� ���� ����	��� ������ ������ ���� ���, �� ������ ����� ������ �� ��� ��� �����, � �� ���� ���� ���� ���� �� ��� ���� ���� �� ���� ��� ������ ������ �� ��������� ����� ����

��� 3: ������� �� ����� (������ �� ������� �� ����-����)

���� (Method)	���� ��������� (Mystical Interpretation)	��������� �� ����� (Practical Tip)
����	���� �� ���� ��� ����� ����� �� �� ���� ���� �� ����� �� ���� ����� (Void) �� ����� ����, �� �����, ����� �� ��� �� ��� ��� ����� �� ����, ����� �� ������ ������	�� ����� ������ ���� ��� �� ���� ���� �� ���� ��� ��, ��� ���� �� ��� ����� ���� ���� ���� ����� �� ����� �� �� ����� ���, �� �� ������ ���� ���� �� �� ���� ���

���� (Method)	���� ��������� (Mystical Interpretation)	��������� �� ����� (Practical Tip)
��������	�������� ����� �� ������ ����� ��� ��� ����� ���� ��� ��, �� ���� ������ ���� ����� ���� ����� �� �� ������� (���� �� �����) �� ���� �� ����	�� ��� ���� �� �� ����: "��� ����� ���� ��� ���� ���� ���� ���� ��� ���� ���� ���" �� ������ ������ �� ������ �� ������� ���� ���

��� 4: ����� �� ���� (��������� �� ����-������)

���� (Method)	���� ��������� (Mystical Interpretation)	��������� �� ����� (Practical Tip)
����	���� ������ ������� ������� (�������) ��� ���� ������ ����� (�������� �� �����) �� ���� �� ���� ������ ���� �� ����� �� �� ������ ���� ���� ��� ��� ��� ���	���� ����� ��� �� ����� ��� ���� ���� �� ����� �� �� �� ���� �� �� ���� �� �� �� ����� ��� �� �� ������ �� ��� �� ������� �� ���� �� �� ��� ���� �� �� �� �� ����

���� (Method)	���� �������� (Mystical Interpretation)	��������� �� ����� (Practical Tip)
���������	����- ����� �� ������ �� ��� ����� �� ������ �� ����� (�������) ���� ���� (������) �� ���� ���� �� �� ��������� ���� ���	��� ���� ���������� ���� �� ��� ��� ������ ����� ���� ��������� �� ���� ��� ���, ����� ���� �������� ��� ����� �� ��� ��� ���

��� 5: ����-������ (����� �� ����� �� �����)

���� (Method)	���� ��������� (Mystical Interpretation)	��������� �� ����� (Practical Tip)
����	�� ��������� �� ���� ���, ���� ���� ����-����� �� ����� �����—��� �� �� ���� ����������� �� ����� �� ������ �� ����� �� ��� ����	���� ����� �� ������� �� ����� ����� �� ��� ��, �� ������ (����) �� ������ ���������� �� ��� �� ��� ��� �� ���� ���������� �� ������� �������� ����

���� (Method)	���� ��������� (Mystical Interpretation)	��������� �� ����� (Practical Tip)
��������	���� ����� ����� �� ��������� �� ��� �� ���� ����� �� ���� ���� ����� �� ������ �� ��������� ���� ��; �� ����� �� ���� ����	�� ��� ���� ���� ���� ������ �� ����� ����� (����, �� �������� ����, �� ������ ����, �� ������� ����)� ���� ����� �� �� ������ �� �� �������� �����

��� 6: �� �� ������ �� ������ �� ����

���� (Method)	**���� ��������� (Mystical Interpretation)**	**��������� �� ����� (Practical Tip)**
����	���� ������ �� �� �������� ���� ���� ���� ��-����� (����, �����, �����, ���) �� ��� ���� �� ������� ��� �� �� ������ ���� ������ ������� ���� ������	�� ���� ������ ����� (��) �� ���� ����� ��������� (����) ��� ��������� �� ��� ���� ������ ������ �� ���� ���� �� ����� ���� ���

���� (Method)	���� ��������� (Mystical Interpretation)	��������� �� ����� (Practical Tip)
���������	���� �� ��� ����� �� ��������� �����	��� ���� ������ ��� ��, �� ������ ��� �� �� ����� ����� �� ������ �� 7% �� ��� ���� ���� ������ �� �� ������� ����-�������� ���

��� 7: �� �� ���� ���� (����� ���� ��� ����������)

���� (Method)	���� ��������� (Mystical Interpretation)	��������� �� ����� (Practical Tip)
����	����-���� ����� ������ ���� ���� �� ��� ���� �� ���� ����� �� ������ �� ���� ���� ��� �� ��� ���� �����	�� ���� ����� �� ��� ���� ��; �� �� ������� �� ���������� �� �������� ��� ��� ���� ���� �� ������ ���

���� (Method)	���� ��������� (Mystical Interpretation)	��������� �� ����� (Practical Tip)
���������	����� �� ���� �������	���� �������/��� �� ���� ��� �� ���� ��� ����� ���, ����� ��� �� ���� �� ��� ��������� ��� ��� �� ���� ����� ��� �������� �� ��� ��� ����, �� ����� ���� ����� �� ���� ���� �� �� ���� �����

������ �� �������:

����� �� ���� ������ �� ����� ���� ������ (���������� ����� �� ������ �� �������� �������) ���� ��� ������ �� �� ��������� ��� ��� �� ����� �� ����� ���� �� �� �� ����� �� ���� (����� ����) ���

�������� �� �������:

������ �� ������� �� �� �� ���� �������� (������ �� ��) �� �����, �� ������� �� ����� �� ��� ����� ���� ����� ��� ����� �� ��� �� �������� ������ �� ��� ���� ��� ��, �� ��-����� �� ���� ��� �� ��� ������ ���� �����, �� ���� ��� ��, ���� ������� ������ (Updates) ��� �������

���� �� ����� �� ����������� �������

'���� ��� ���' ����� �� �� ���� ������ �� �� ������� �� ���� � ���� �� ���� ����� ��� ���� ���

������ �� ���� �� ������: ������� ���, ���� ���� ����� ��������� ��� �� ���� ������ �� �� ������ ��� ���� ������ �� �������� �� ���� �� �� ���� ����� (��������) � ���� �� ���� ������ �� ���� ��, �� ���� ��� �� ���� ��������� (New Process) �� ��� ���

����������� �������: ��� �� ������ �� ��-����� (�������, �����, ������) ������� ������, �� ���� ������ �� �� ������ ����, ����� �� ����� �� ���� �� ��� ������� �� ���� ��� ����� ������� �� �� �� ���� ������ (������) �� ����� �� ��� ������ �����

'���� ��� ���' �� �� ��� ����� ��, ����� �������� ��� ���� ����� ������ �� ������ �� ���

���.8:

'���� ��� ���' �� ���� ��������: '����-�����'

���������: ��������� ������� (��������) �� ������������� ������� (Ra-tio) �� ������, ����� �� �� ���� ������ �� '������ ����' (The Universal Balance) �� ����� ����������� ������ ���

1. ���������� ����: ������ �� �������

�������: ��������� ��� �� ������ �� ������ (Nature), ������� �� ���� '����� ����'(�������-��������) �� ���� �� ��������� ������� �� ��� ��, �� ��� (��) �� ��� ������ ��� ���

�������: ������ �� ���� ���� ��������� (������) �� ������ �� ���� ����� �� ������ �� ��������� (���� ��������� ������ �� ������) �� ����� �� ������ �����

������: ���� ������ �� ������ (���������) �� ������� �� ������ '��-������' (������) ����, ����� �� '����� �� ���' (����-������) �����—���� ����� ��� �� ������� �� ��������� ������

2. �������� ����: ������� �� �����

��������: �� ���� ����� �� �������, ���� �� ��������� (������, ������, �������, ���) �� ��� ���� ���, �� �� ������� �� ���� ���� ������� �� �������� �� �������� ������ ���� ����

��������: ������� �� ���� �� '���� ������' (Personal Cosmos) �� �������� �� ������ ���� ������ �� �� ������ ���� (�������, ������) �� ���������� �� �������� ���� ����

������� �� ���: ������� ������ �� �� ������ ���, ���� �� ������� �� ����, ����, ���, �� �� ������ �� ��� ���� ���� ������� ��� �������, ��� ��� �� ��� ������ ���� �� ���� ��� ���� ��������

�������: �� ������� �� �������� �� �� �� ������ ������ �� ���� �� ��� ����� ��� �� �������� �������� (�������� �� �������) ��� ������� ������� ���

3. �������� ����: ����������� ������� �� ��������� �� �������

�������� ���������� ��������� �� ������-������: ��� ������ �� �� ������� ������ �� ���� ������� �� �������� ����������� ������� ������'��-������' ��, �� ������ ���� ������� �� ��� ������� �� ��������� �� ����� ���� ���� ���� �������

������������ �������� �� ������-������: ���������� �� ���� ����� �� �������� �� ����������� ����� (���� �����������, �� ����� �����) �� ��� ����������� ������ ������ ���� �� ��������� ���� ������

������: ���� ������ �� ����� �� ���� ���� ���� ����� �� ���� �� ����������� �������� �� ���� ��� ������ �� ������� ����� �� �������� ���

������, ������ �� ������

���� �� ������: '���� ���' (Self-Realization)

'���� ��� ���' �� ��� ������ ���� ������ �� ���� ����, ����� ���� ��� ��—�� ����� �� ����� ���� �� �� ����� ��� ������������� (����� ����) �� ��� ����

�����: '���� ��������' (The Practice of Focus)

����� ��� ��� ��� ������ ���� �� ���� ��������� ���� ���

�������� ������: ����� (Dhyana): �������� ��� ��� '���� ��������' (��� �����) �� ��� ������� ���� �������� ���

������� �� ������ (��� �����): ���� �������� ��� ���� ������� �� �� ���� ��� ����� (���, ��) �� ����� ��

������ �����, ������� ���� ������� '����� ����' �� �� ��� �� ��� ���

������ �� �����: ������� �� �� �� ������ ��, ���� ���� ���� ����� (�������) �� ������ ���� ��, ����� ������� ����������, ��������� �� ��������� (������) ������� �� ���� ���� ���� ����� ���� ������ �� ���� �� ��� ���� ������

���� ������� ���� ������ �� ����� �� �� ������� ���� �� ��������� ���:

������� �� ���	�������� �� ����������	���� ���� ����� ��
���� ��������	�������� ���� ������ ������ �� �� ����������� � �� �� ������� ������� (���) ��� ����� �� ������	����-�����, ��������� �� ������ ������

������� �� ���	��������� �� �����������	���� ���� ������ ��
��-�������	���� ������ �� ���������� �� ������ �� ����� ����� ���� ������ (�����) �����	����� ��������, ����� �� ������ �����
����-�����	���� �������, ���� �� ��������� �� �������� ����� �� ������ �� ����������� �� �����	������� �����, ����� ���� �� ����� �������

������� �� ���	��������� �� �����������	���� ���� ����� ��
������� ���������� ��	��������� � ��������� �� ����� ���� �� ���� ����� �� �� �������� (���� ����������� � ��������) �� ��������� �����	���� ���� �� �������� �� ��� ���� �������� �� �������� �������

������� �� ���������:

�� ������� �������(����) �� ��������� (���) �� �������� �������. �� ���� �� ��� ��� ��� ���� ��� ����� �� ������ �� ���� ��, �� ���� ����� (�������) ���� ��; ���� ������� ���� ���� ��, �� ���� ��������� (�����, ����) ���� ��� ��� ������ ����� �� ���� ��, ����� ���� ���� ���

1. ����� �� ������

'���� ���' �� ��� ������� �� ������ �� �� �� ����� �� ��� ������ �� �������� �� �������� ������ �� ��� �� ��� ����

����� �� ���� �� �� ����� (Duality) �� ����� �� ������, �� ������ (Unity) �� ����� ���� �� ����� �� ��� ���� ������ �� ������ ����� (������) �� ����� �� �� '���� ��������' �� ��� ����� ���

�� (Rhythm) �� ������ (Ratio): ��������� �� ���� ����

�� �� ������ �� ������ �� ������� ������������ ���� ���, �� ��� '����� ����' �� ����� ���� ���

�� (Rhythm): ��������� �� �����

�� �� �������: �� ������ ��� �� ����, �� ������ �� �� ����� �� �� ������� ��� (Timing) �� ��� ���

����� �� ��� (�������� �����): ����� ���� ��� ����� ��� �� ����� ��� ������������ ����� (Cosmic Dance) �� ������������ ���� ��� �� ����� ����, ������� �� ����� �� ������ �� ��� ��� �� ��� ��� ��� �� ������� �� ���, �� ������ �� ��� �� ���� ���

������� �� �� �����: ���� ���� �� �����, ����-����� �� ���� (Circadian Rhythm) - �� ��� �� ������ ���� ���� �� ��� ������ ��� �� �� ��� ��� ���� �� (���), �� �� ������, ��� �� ��� ���� ����

������ (Ratio): ���� �� ����

������� �� ��������: �� ���� �� ����� ��� ������� �� �������� �� ������� �� ����� ������� ������ ��� ��� ������� �� ������ �� �������� (Properties) �� ���������� ����� ���

�������: �� �� ������� (H2 0) ���

��-����� (����): �� �� ��� �� ������� ����� ���� �� (�������: H2 O2 �� ���), �� ������, �����, �� ����� ���� ��� ��-����� ������������ ���� �� ������� ��, ����� ����� ������� ����-����� ���

������ �� ���� ������

'���� ���' ��� ��� ����� ����-���, ������ �� ��������� ����� ��� ���� ���� �� �� ��������� ���� ������� ��:

1. ������� ������: ����� (Dhyana)

������: ��������� �� �� �� 20 ���� �� ��� ������

���������: �� ����� �� �������� ���� ����� ����� �� ��� ���� ���� ��, ����� ���� ���� �� '����� ����' �� ����� ���� ���

����������: ����� ��� ���� ����� �� ������� (���� �����, ��������) �� ��� ��� ����� ���� ��, �� ���� ����� �� ������� (�����, ����, �����) ��

��� ������ ������ ���� �� ������ ���� ���

������: �� �� ��������� ������ ���� ��, �� ���� ����� �� ����� (���� �����������/�����������) �� ��� ��� ������ ����� ���

2. ���� ��� (The Doctrine)

�� ����� �� ����� ����� ���� ����� �� ������� ���������� �� ������ ����, ������ ���������, ������, ����� �� ����� �� ����������� �� ��������� �� ������

������ �� ��������� �� �� �� ���������� �����

����� ����, �� �������, ���� ����'�� ������� ���� ��� ������' ��� ���� ��, ���� ������ ����-������� �� ��������� ��������� �� ������ ���� ��� �� �� ��������� ��������� �� ��������� ��� ��� ����� �������� �� �� ����� �� �������� ���� ��: ����� ������ �� ������ '��' ���� �� ������ �� ���������� ����� ������ ���� ��, �� �� �� �� ��� �� ���� ���� �� ��������� '���� ���' ���

���� ���� ��� ������ ��� ���� �� '��' �� ���� ����� �� ��� �� ����� ����� �� ���� ��� ���

�� �� ����� ������� ������ ��:

��, ����� (������) �� ����� (�����) �� ��� �� �� ����� ������ ��, �� ��������� ��� �� ��������� ���� ���

���� �� �� ����, ���� �� ���� ����� ���� ��, ���-��� �� ���� ��, �� ������������ �� ���� �� ����� ��, ��� �������� �� ������ ��� �� �� ���� ����� �� �� �� �� ��� ������ ���, ��� �� ����� �� ��� ���� ����

����� �����: ��� �� ������ �� ����

����� ������ �� ��� ����� �� �� �� �� (���) �� ��� ����� (���� ��������� ��� �� ������ ��� ���� ��) ���-��� ���� ���� �� ����� �� �� '��' �� �� ��������� ���:

������� ������ (Micro-Rhythm): �� ���� ��������� �����, ����� �� ������� ��� ������ ���

����� �� (Macro-Rhythm): �� ��������� ���������� �� ���� ��� ��� ���

�� ������ ���� �� ����� ��� ��� ����� �� ���� ���� �� ������� ������, ���������� �� ����� �� �� ��� ���� ������ ������ ��� �� �� ������ ����� �� ���� ��, �� ���� �� ������� ����� �� ���� ���, �� ������� ���� �����, ������ ���� ������ �� �������� �� ���� ��.

����� ��� �� �����: '��' �� �����

�� ������� ������� �� ������ �� �� ���� �� ����� ���� (����������

�� ������ ���� ���� �� ����� ������ ���

���� ��� ������ : ��� ���� �� ���������� �� �� ��� (The Core Philosophy)

1. ����� �� ������������ (The Universal Laya)

��� ����: ������ �� ���� ���� ��� ��� ���� ����, � �� ����� ���� ����� ��� ��� ���� ��� �� ����� �� ��� �� ��� �� �� ���� ���� �� (������ �� ��������)�

��������� �� ���: �� �� �� ����� �� ��� ���� ���� �� ���� ����� ����� �� ���� �� ������� ��� �� ���� ���, ���� �� �� �� ���� ���� ������ (����) �� ���� ���� ���� �� ����� ���� ����

���� �� ����: ������ ����� ����� ��� �� �� �� ��� ���, �� ��� ����� ���� �����? �� �������, �����, ������ �� ������ ���� ���, �� ���� �����

2. ���� �� ���������� �� ������ (The Law of Karma)

���� �� ��: �� �� ���� ���� ���, ���� �� ���� ���� �� ��� ������ ������ ����� �� ���� ��; �� ���� �� ����� �� ���� ��� ����� ���� �� ���� ��� ���� ����� �� ����� ��������

����� �� ����: ��� ����� �� ���� ��� �� ���� �� ���� ���� �� (���� ������ �� ���)� ���� ������ �� ��� ������ �� ����� ���� ����� ���

��� (Aura) �� �������: ���� ���� �����, ���, ������� �� ���� ���� ��� �� ������� ���� ���� �� �� ��� �� ���� ����, ����-�����, ���� ��� �� ��������� ���� ����� ��� ����� �� ���� ����

���� ������, ���� �� ������� ������ (The Code of Conduct)

3. ������� ��� ���� �� ����

������� ��� ����: �� �� ���� �� ����, ���, �����, ��� �� ������ �� ����� ���� ���� ������ ������� ��� ������� ���� ���� �� �� �� �� ���� ��� ������

������� ������: ���� ���� �� ����� � ���, � ����-������ ���, � ���� �� ����� ����� ���� **����:** �� �� ��� ��� �� ��� ��, �� �� ���� ��� ����

��� �������: ������� �� ��� ��� ����� ���� ���� ���� �� ����� �� ������ ���� �� �� �� ���� ��� ���, �� �� ��� ���� �� ��� �� ��� ������ ����� ����� ������� ���

4. ����� �� ������ �� ����� ����

����� ����: ���� �� ��� ��, ���� �� ������� �� ������ �� ������� �� ������ ���� ��� ���� ���� ���� �� �� ����� ������� ���� ���

������: ���� ������ �������� ��, ���� ������ ����� ��� ���� �� �� ������ ������ �� �� ������� ����� ������ ��� ���� �� ���� ���� ���

���������: ���� ������ ����� �� ����� ������ ���� ���� ��, �� ����� �� �� �� ����� ���� �� ��� ������ ���� ��� �� ������� ����

5.���, ����� �� ��������� ����������

����� �� ���: ����� �� ����� ���, ����� �� ����� �� ��� ���, ������� �� �������� �� ��� ���� ���� ������ �� ���� ����� ���� ��, ���� �� ����� �� ����� ���� ����

�������: ���� ��� ����� �� �� ��� ���� �� �������� ���� ��� ������ ������ ���� ���� �� ���� ���

������� �������� (���������): �� ��� �� ����� �� ��� ��� �� ������ ���, �� **��� ���� ����** ���� ��� ��������, ������, ��� �� ������� �� ��� ���� ��, �� ����������� ���� �� ���� ������ ��� ���� �� ��� ���� �����

��������: ������� ��� ��� ������ ���� ������ ���-������, ������� ���� ��� �� ������� ������ ������ �� ������� � �� �� ������ �� ������ � ���

6. ��������� �� ����������� �� ������

��������� �� ������ ����: ����-������� �� �������/���� �� ���� �� ������ � ����, ��������� �� �� ���� �������� ��� ����, ���� ���� ���� ������ �� ���� ����

������� �� �������: �� ��� ��������� ���� ���� �� ������� ��� � ������� ����-������� �������� �� ��� ��, �� ��� �� ���� ���

��, ���� �� ��������� �� �� (The Practical Laya*)*

7. �����, ���� �� ������� �����

����� �� ����: �������� ���� �� ���� ������� ������ �� ��� ���������,��������,� ������ ��, ������� �� ���� ���� ������ ��� ���� ������ �� ������� ���� �� ����� �� ���� ���� ������

�������� �� ����: ���� �� ������� �� ��� �� �� ������� �� ��������� ������� �� ���� ��, ���� ������ �� �� ������ ����� �� ��������� ��� ���� ��, ��� ����� ���� ���� ���� �� ��� � ���

������� �� ���� ����� ����� �� �����

�� �� �������:

���: �� ������� ������� ������ ���� �� ��� ����� �����

������: ���� ���� �� 10 ������� �� ������ �� ������ ������, ����� ������ �� ���� �� ��� ���� ����

������: ���� �� ���� ������ �� ������ ����

�� �� ����: ����� �� ���� ���� ���� ���� �� ���� ���� ���� ��� ��� �� ��� �� ����� ���� �� ������� ���� �� ��� ���� ���� ��, ����� ������� ���� �� ��� ���� ���� �� �������� ���� �� ����� �������� ���� �� 10% �� ���� ������ ���� �������� ��� �� �� ���� ����� ������ ���� ���� ���� ����� ���� �� ���� ��� ���� �� �� ���� ����� ����� ����� ����� ��� (������� �����) ��� ������ ��� �� ����������� ��� �� ��� ����� �� ��� ��� �� ���� �� �����

8.���� �� ��������� �������

���� �� ���������: ���� �����, ���� ��� �� ������ �� ���� �� ���� ���, �� ���� �� ��� �� ���� �� ��� �� ����� ���� �� ����� �����

���� �� �����: ���� ���� ���� ������ ���� ����� ������� ������ �����(�����)��� �� ���� ���� �����, ���� ��� ����� ���� �� �� ������ ������, ����������� �� �����

������/������� �� ������:

����� ���� (��������): ����� ������(��������)������ ���� ��� �� �� �� ���� ���� ��� ���� ���� �� ��� ���� �� ��� �������� ���� ����� ���� ���

�� ���� (����) ��� ���� �� ���: ����� ������� (�����) ������ ���� ��� �� ����� �� ������ ����� ���

������: �� ���� ���� ������ �� ������� �� ����� �� ����� �� �� ���� ������ ������� �� ���� ���� ��� �� ����� ���� ��� ���� ��� ���� ����� ������ ���� ���� �� ���� ���� � ��� ����(���,��,����,���-���,���) ���� ����� ���

����� ����: ���� �� ����� ��� ���� ����� �� ���� ��� ����� ���� ���� �� ������ �� ����� �� ���� �� ����� ���� ����� ������ ��������� �� ����� ��� ���� ����� ���� �� �� �� ����� �� ����� ��� ���� ���� �� �� ������� �� ��� �� ��� ����� �� �������� �� �� �� ����� �� ����� ���� ��� ���� ����,���,��� �� ���� �������� �� ����� ���� ���� �����

���� �� �� ���� �� �� ���� ����� ��������� �� ���� ��� ������� ������ �� ����

��� ������ ��� ��� ��� ���� �������� ��, �� ���� �� ������ �����

���-����� �� ������� �� ����� ������

���-����� �� ����: ��� �� ����� �� ���������� ����� ������ �� �� ���� ���, ����� �������� ����� �� ���������� ���� ��� ����� ����� ��� ���� ��� ����� ���� ���

����� ���: ��� ��� �������� ����� �� �������� �� ����� �� ���� ��, �� ���� �� �������� (����, ��������, �����) ������ �� �� ����� ���� �� ���� ��� ��� ���� ������ �� ���� ���� ������, � �� ���� ���� ��� ��� ���� ����� ���� �� �������� ����� �� ����� ���� ����

9.��������, ������� �� �������

�������� �� ������: ���� ��-��� �� �������, �������, ����� �� �� ��� ����-���� ���� �������� ����� �� ���� ������ ������� ����� ���� ���

����-�����: ����� ��� �� ����� �� ���-����� ���� ����� ��� �� ��-�� ��, �������, ���� �� ����� ����

�������: ���� ���� �� ���� ����-����� �� ����� ������ ����� �������� ���� �� �� ��� ������ ��� ��� �� ��� ������ � ���� � ������� ��� ���� ������� �� �������� ���� �� ����� ���� �� ����� ��� ��� ������ �� ���� �� ���� ������ �� ����� ��� ���� �������

���������� ����: ����������� �� ��� ������� ��� ���� �� ��� ��� �� �������� �� �������� ��� ��, �� ��� �� �� ������� �� ����� ������

������ �� ������� ������� (The Global Laya)

10. ������ �� ������� �� �������

������ ������: ������ ����� ���� �� ����, ������� ��� ������� ������ ������ �� ��� ���� �� ������, ��������� �� ������, ���� ������ ���/�����/����� �� ������ ���

���� �����: ����� ����� �� ��� ����, ����� ������ ����� (����) �� ������ �� ������ ���

������ ���� �� ��: ������� ������ ���� ���� �� ������� ������ ���� ���� ������� ���� ������� ����� �����

11.������ �� ��� ����� ������

����� �� ����� �� �����: ����� �� ����� �� �� ���� ��� ����� ���� ������ �������� �� ����� ���� ������� �� ���� �� ����� ����।

������� ������: �� �� ����� �� ������� ������ ��� �� ��� ����� ������� �� ����� ����� ��� ������ ���� ���� ���� ��-��� �� �� ������ ���, �� ��� ����� ��� �� ���� ����� ����� ����।

���������� �����: ����� �� �� ��� ����� ���� �� ����� ���� ���� ���� �� ����� ��, ����� ��� �� ������ �� �����, �����, ��� ��� ������ ����� ���� �� ���� ������� ����� �������� �� ��� ���� ��, ��� ��� ����� �� ���� ��� ���� ����� �� ��� ����� ���� ����� ������� ���।

����� �� ��� �����

����, ����!: ������� ���� ������� �� ����� ����� �� ��������� ���� ���� ��� ��� ����� ��� ���� �� ��� ��� �������� ���� ���� �� ����� ����� �� ����� ���।

���� ���, �� ����: ����������, �� �� ���� �� ������� ��������� �� �� �� ����� ���� ������� ���� �� ���� ���������� ��� �������� ���� �� �������� ����� ��, �� ���� ��

������� ��� ����, ��� ���� ��� ����� ���

�����, ��� �� �����: ��� ��������� �� ���� ����—����, ����, ���� �� ����� �� ��� �� ��� ���� ����� �� ����, ����� �� ���� �� ���� ���� ����, ������� ��� ���������� ������� �� ������ ���

�� ������� �� ����

�����: �� ������� �� ���� �� �� �� ����, ���� �� ����� �� ���� ���

������: �� ���� ���� �� ������ �� ����� ���� ��� �� ���� ������ �� ������� �� ������ ���� ��, �� ����������� �� ������ ��� �� ��������� �� ����� ���� �� �� ����� �� ����� ���� ���

������: �� ��� ���� ������ �� �� ��� ���� ��, �� ��� ������ �����, ������� ������ �� ������ ������� �� ��������� ��� �� ������� �� ���� ��� ��� ���� ���� �� ������ �� ���� ���

����� �� ������� �� ��� �����

����� �����: ���� �� ������ ���� ���� �� ������� �� ��� ����, ����� ����� �� ���� �� �� ���������� ���������� �� ��� ��� ����� �� ���

��� �� ���: ��������� �������� �� �� �� ��� �� ���������� ������ �� ����� ���� ������ �� ��������� �� ������� �� ������� ������ �� ����� ������� ��������� �� ����� ��� �����, �� ������� ������� (��) �� ������ �������

����: �� �� �������� ����� �� �� ��� ����, ��� ������ ��� ��� ������ �� ���� �� �������� ������

"���� ��, ���� ��, �� �� ���� �� �� ���� ��, �� �� ������ ���"

���� ����, ���� �� �������

�� ������� ���� ���������� �������������� �� ������� ���� ��, ����� ��� ���� (�����) �� ������� ��� ������ �������� �� ����� �� ��������� �� ������� �� ������� �� ��� ��������� ���� �� �� ������� ������� ���

1 ��������� (���� ������) �� ����� �� �������

�� ����� �� ���� ���� �� ���� ������ ����� ���, ����� ������ (����) �� �������� (�����) �� ����� �� ��� ����� �� ������� ��� �� ����� �����

������� �� �����: ��������� (���� ������) �� ����� �� �������� ����� �� �� �� ���������� ��� �� ��� ���� �� ���, ����� ������ ������ �� �������

�� ����� �� ������� ������� �� ���� �������� ����� ��� ���� �� ������� ������� ������� �� �������� �� ���������� ���������� ��� ���

��� �� ������: �� ����� �������� ������� �� �������� �� ������ �� ���, ������� ������� �� ������ ���������� �� ���������� �������� ����� �� ��� �� �� ������������, ������ �� ���������� �� ������ ���������� ������ �� ����� ����

���� ������ �� �������: ���������� �� �� ������ �� ����� ����� �� �������� �����, �� ������ ��� �� �� ��� �������� ����� �����, ������ ��-����� (�� �����������) �� ����� ���

����������� (����� �������) �� �� �� �������� �� ������ ����������� �� ������ ����� �� ������� �� ������� ���� ���������� �� ������ ������

2. ������� ������ �� ����:

�� ������ �� ����� ������ ��������� ������ �� �� ������� ��:

�� ��� ���, ������ �� ������� ������� �� ������ �� ���, �� ��� ��������� ���� �� ������ �������� ������� �� ����, ������ ������� �� �������� �� �������� ����� �� ���������� �� ������� �� ������� ������

���������: �� ������� ������� ����� ���, �������� �� ���� ����� ������� ������ �� ������������� ���� ��, �����

������� ��� �� ����������� (�������, ����, ������) �� ������ ��-���� ���

3. ���� ��� ������

�� ���� ������ �� ����� ���� ��, �� ��� �� ���� ������ ���� ���:

��� ���� (�����) �� ����: �� ������ �� �������� �� �� ���� ������ �� ���� ������ ���� ���, ����� �� ����� �� �� �� ��������� �����

��������� �� ����: ��������� �� ����� �����, ���� ������ �� ���� �� ����� ���� ������ �� �� ����� �� ����� �� ���� ���� ����, �� ����� ���� �� ����� ���� �� �����

������ �� ������: �� '�� ������� ���� ��� ������' ������� ������� �� ������� ��—�� ��� ������ ��, �� ����������� �� ����� ���� ���� �� ������ �� ����� �� ���� ����� ����

4. �����

�� ������ ���� �� ����� ���� ����, �� ���� ���� �� ��������� ��� �� ����� ����, ������ �� ����������� ���

���� �� ���� �� ����-������ �� ������

1. ����-�����: ���� ������ �� ���� ������

���� �� ����� ������:

����� �� ���: ����-����� **���� ������** �� ���� 17 ������ 1978 �� ��� 10 ���� 10 ���� �� ��� ��� �� ������ �� �� ��� �� �� ���� ���� ��� ���� ��� ��� ��—�� ��� ������ �� ������ ���� �� �������� ������������� �� �� ������ ���� ���

���� �����: ���� ���� ���� ������ �� ������ ���� �� ������ ���-������ ��� ����

��������� ����������: �� �� ����������, ������ ������� ���� ������ �� ��� ���, ����� ����� �������� ��������/���� ��� �� ������ �� ����� ���� �������� �����, �� �� ��������� ���-�������� �� ��� ������ ������ �� ������ ������ �������� ����� �� �������� �� ��������� ����� �� ���� ���� ���

������ ������ �� ������� �� ���:

�������� �� ��� �������: ����� ������ �� �� ��� �� ����� ������ ������ ���� �� ������, ���� ������

�� ���������� �� �� �� ���� ������ �������� ������ ��� ��������� ���� �� ��������� ��������� ��� �� ������ ����� ���� �� ����� �� ������ ����� �� ��������� �� ���� ��� �� ���� �� ����� ���� ����, ���� �� '��' ��� ���

����� ���: �� �������� �� ���� �� ���, ��������� ���� �� ���� �� ��������� ���� �� ����� �� ����, ����� ���� �� ����, ����, �� ����� �� ���� ������ ���� ����—�� ��� ��, ���� �� ������������ �� ������ ���

������, �������� �� ����� �� ����:

����������� �� ����������: ��� 2000 ���, �� ������ ��� �� ���������� ���, ��������� ���������� ��� �������� ������ ���� �� �� ���� �� ���� ��� �� ��������

���� ��������: ������ �� ���, ��������� ��� ����� �� ���� ��������� (���� ��������) �� ��� ������ ����� �� ����� �� �����, ������ ���� ����� �� �������� ��� �� ���� ��������� �� ��������� ����� ����� �������� �� ������ ���� ���� �� ���������� ��� ������� ����, ����� ����� �� ��������� �� �� ���, ������� ������ ���� �� ����� ����� �� �����-�����, ����� ���� ����

����� �� ����������: ��� ��� ����� ��� �� �����, ���� ���� �� ���� ������ �� ��� �� ���� �� ������ ������� �� ���� ����� ��� ���� ����� ��������� ���� �� ���� ����-������� ������ �� ��������� ���� ��, ����� ����� �� ��� ����, ���� �� ����������� ��� �� �������� ���� ��, ���� ���� ��� ��� ������� ������� � �����

����� �� ����� �� ������:

���� �� ���������: �� �������, ���� ��� ����� ���� ���� �� ����� �������, ����� ����� �� �����, �� ���� �� ����� �� ��� �� ����� �� ������ ���

��� ������: �� ����� ��� ����� �������� ���� ������ ����� ���� ���; �� ���� ����� �� ���� ��� ������ ������ �� ��-������� �� ��� ��������� ������ ����

������ �� ��������� �� ������� (The Evolving Laya)

'�� ������� ���� ��� ������ �� ����� ���� �� �� ���� ��� ���� ��� ��, ���� ���� �� ���� ��� �� ��� ������ �� ���� ����

1.��� ���� �� ��������������� (The Un-changing Laya)

����� �� �������: ����� (�����/��� ����) �� ����� ������ �� ���� ��� ��� �� ��� ��� ���� ��� ������ ������ ���� ���� �� �� �� ��� ��� �� ����� ���

���� �� ����: ������ (����) �� ������� (�����) �� ������ ������ �� ����� ���� ��� �� �������� ���� �� ��� ��� ������������ �����, ������� �� ���������� �� ����� �� ������ ���

2.���� ������ �� ������� (The Evolving Code)

��� ���� �� ����: ������ ��� ��� �� ����-�����, ����, ���-��� �� ������� ������� ��� ���� ���� �� ������� ���� ����

����� �� ����: �� ���� ��� �� �������� ������ ��� ���� �� ������� ���� ��� �� �� ���� ���� �� ������ ����� �� ����� ��� ����� �� ���� ����

����: ���� ����, ������������, �� ����� ������ ��� (�������) ��� ���� �� ����� ���� (������) ��� �� ������ ���� �� ���� ���� ����� �����, ������ ��� ���� �� ���� �� ���� ���� ��� ��, ���������� ������ ��� ����� ������

3.������� ���������� �� �����

���� �� ����: �� ����� ��������� (����-������ ���� ������) �� �������� �������� (������, AI) ������ ���� �� ����� �� ������ ���

������ �� �������: ���� �� ����� �� ���������� ���, ��� �������, ��������� �� ������ ��� ���� �� ���� ����

����� �� ������: �� ����� �� ������� �� ������� ������ �� ������ �������� ���� ������ �� ����� ���� �� ����� �� �������� �� ������ ���

���� �� ��� �� �� �� ���� �� ���� ����� ��� �� �� ������� ������ ����� ��� ����� ����� ��� ����� ����� ���

"���� ���� ����� �� ���� �������� ��������� ���� ��, �� ���� ��� ������ �� �����, �� ���� ���� �� ��� �� ��, ������ ������ �� ������� ����"

���� �����: ��� ������, �������� ��������, ��������� �� ������������ �� ����� ���

���� �����: �� ���� �� ����� �� ������� �� ����� �� �����

�� ��� ��: ���� ���� �� ������ �� ������ (��-������) �� ����� �� ���� (�����) ����

��������� ���: ���� ����� �� ���������� ��������� �� ����, ����� ����� �����, ���� �� ����������� �������� �� �������� �� �����

"�������! ���� ���� ����� �� ���� ��������� ���������� ���� ���� �� ��� �� ������, ���� �� ������ ���� �� �� ��� ���, ������� �� ��� ����� '����� ����' �� ���� ��—�� ��� �� ���� ����� �� ��������� ��, �� ��� �� ����� �� ����� ���"

���.9:

�� �� ������ �� ����� �� ����� �� �������

'�� ��������' ���� ��������� �� ����, ����� �������� �������� (Discipline of Logic) �� ������� ��� �� �������� �� ������� �� ��������� ���� ���, ������� ���������� ������� �� ������ �� ������ �� ������ ������� ����� ����� ��������� ��, ���� ����� �� ������ ������� ����

1.����-����� �� ����� �� ��������

����� (Title): �� �� �������� '�� ��������' �� ����������� �� ���� ���� �� ��� ���� ����� ��, �� '����-�����' �� ����� ���� ������

�����: ���� ����� �������� ���� �� �� ����� �� ����� ���� ������

������ ���� �� ���, ��� ����-����� ���� ��� �� ������ (Surname) �� ��� "����-�����" �� ����� �������� (������: ���� ������ ����-�����)� �� ����� ������ ����, ����� ������� �� �������� �� ������� ���

������ �� �������: ����-����� ���� ������ �� '����' �� ��� ����� ����� ���� ���� �������� ������ ��� ������ ���� ���� �� ����� �� ����� ���� ������ ����-����� �� ����� �� ��������� �� ��� ���� �� ��� ������� ���� ���� ����� ��������� ����� **����������'** �� **'��-�������� �� �������'** �� ���� ���� �

2. ������ �� ������ �� ����� �� ���������

�� ���� ��� ������ �� �������� �� ������ �� �� **����** �� ���� ���� �� �� ��� �� ���� ��� ���� �� ����� ���� �� �� �� ����� �� ����� ����� ��� �� **��** ������� **������** ��� ����� ���� ��������

��� ���� ������ ��� ���� �� ������ �� ������ ���� �������, �� **�����** �� ������� **���** **������** ����� �� **������** **����** �� ������� ���� ������ **����-��������** �� ���� ���� ��, ����� ��� ���� **�����** �� �������� �� �������� �������

������� �� ������ �� ���������:

1. **������� ������ (�������):** �������� ���, �� ������� �� ��� ��� �������� �������, ���� �� ����������� ����� ������� ������ ���� ���
2. **����� �� �������:** ������ ���, ���� �� ��������� ������ ��� ��� ���������, ����� �� ��� ��� ������ ����� ������ (�������, ���� ���) ���� �������
3. **������ ����� �� ���:** ��� �� ���, �� ���� ����-����� �� �������� ������ �� ������� ���� �����, ������ ��� �����, �� ������ �� ���� �� ����� ��� ������� ���� ���� �� ��� ������

����-����� ���� ������ �� ����� �� ���:

Facebook ��� **Ashishshivhare6** ����� �� ���� �� ��� ��� �� ������� �� ���

������� �� ������ (����-����� �� ����)

�� �� ������ ���� ��� �� ����-����� �� ������ ��������� ���� �� ��� ����, ����� ���� ���� �� ������ �� ����� ���� �� ��� ����� ��� ����-����� ������ ���� ��� ��� �� ���� ���� ���� ���� (������) �� ����� �� ��� ���� ����� ��, �� ���� ������� �� �� �� ��� ������ ����� ����

����� ����� �� ����

���� �� �����

�� �������: ���� ��� ������ �� ���� �� ����� �� ���� �� ������� ���� �� ��� ����� ���� �� �����

���� ����� ������� �� ���� ��� ��� ����: �� ���� ���� ����� ���� ����

�� ����-����� ����

�� ��� �� ����� �� ��� ��� ���� ���

��� �� ������ ��� ��� ������ ���

��� ����� ������, ����-��� �� �� ����� �� ����

�� ��!

���� �� ����� ����� ��

www.ingramcontent.com/pod-product-compliance
Lightning Source LLC
LaVergne TN
LVHW090257051026
849518LV00005B/1543
* 9 7 8 9 3 5 5 9 2 8 3 2 0 *